Die Schleswig-Holsteinische Küche

Kristiane Müller-Urban

Die Schleswig-Holsteinische Küche

BASSERMANN

Die Abkürzungen in diesem Buch:

EL	=	Eßlöffel	ml	=	Milliliter
TL	=	Teelöffel	cl	=	Zentiliter
g	=	Gramm	l	=	Liter
kg	=	Kilogramm	TK	=	Tiefkühlprodukt (tiefgekühlt)
Msp.	=	Messerspitze			
P.	=	Päckchen	%	=	Prozent

Die Deutsche Bibliothek – CIP-Einheitsaufnahme

Die **schleswig-holsteinische Küche** / Kristiane Müller-Urban.
Niedernhausen/Ts. : Bassermann, 1996
ISBN 3-8094-0225-7
NE: Müller-Urban, Kristiane

ISBN 3 8094 0225 7

Umschlaggestaltung: Peter Udo Pinzer
Titelbilder: Fritz Mader, Barsbüttel (großes Foto); Edith Gerlach, Frankfurt/Main (kleines Foto)
Fotos, Einführungsteil: Bädergemeinschaft Amrum/Georg Quedens, Wittdün/Amrum: Seite 6/7, 8 u.; **Kreisbildstelle Nordfriesland**, Husum: Seite 5 o., 11 li.; **Kurbetriebsgesellschaft Eckernförde**: Seite 9 li., 12 re., 13; **Fritz Mader**, Barsbüttel: Seite 5 Mi. o., Mi. u., u., 9 re. o. und u., 10 li. o. und re., 11 re., 12 li.; **H.-J. Schwarz**, Niederolm: Seite 2; **TLC-Foto-Studio GmbH**, Velen-Ramsdorf: Seite 3; **Archiv/Labitzky:** Seite 7, 8 o., 10 li. u.
Fotos, Rezeptteil: Butaris, Hamburg: Seite 37; **CMA**, Bonn: Seite 69, 86; **Danish Destillers**: Seite 18, 19, 25, 51, 53, 62, 63, 66, 67, 71, 72, 73; **Dethleffsen**, Flensburg: Seite 50, 76, 92; **Essig-Essenz/G. Fiedler PR**, Hamburg: Seite 33, 44; **Christel und Wolfgang Feiler Fotostudio**, Karlsruhe: Seite 61, 70; **Fischwirtschaftliches Marketinginstitut**, Bremerhaven: Seite 20, 22, 23, 38, 45, 54, 59; **Edith Gerlach**, Frankfurt/Main: Seite 64; **Peter Kölln/Köllnflockenwerke**, Elmshorn: Seite 32, 80, 81, 84, 85, 89; **Kreisbildstelle Nordfriesland**, Husum: Seite 14/15; **Fritz Mader**, Barsbüttel: Seite 34/35, 60/61, 78/79; **Maizena Markenartikel GmbH**, Heilbronn: Seite 83; **Pott/Dr. K. Herrmann**, Hamburg: Seite 93; **TLC-Foto-Studio GmbH**, Velen-Ramsdorf: alle übrigen Fotos.
Layout: Nikolai Krasomil, Wiesbaden
Redaktion: Ralf Labitzky
Herstellung: Albert Brühl

Satz: TRION Verlagsservice, Mannheim
Druck: Appl, Wemding

817 2635 4453 6271

Inhalt

Schleswig-Holstein
Land zwischen den Meeren 6

Essen und Trinken in Norddeutschland 13

Vorspeisen
Kleine Köstlichkeiten von der Küste 14

Fisch
Krabben, Aal und mehr vom Meer 34

Fleisch
Es muß nicht immer Labskaus sein 60

Nachspeisen und Getränke
Rote Grütze und Rum mit Mütze 78

Verzeichnis der Rezepte 95

SCHLESWIG-HOLSTEIN

LAND ZWISCHEN DEN MEEREN

SCHLESWIG-HOLSTEIN

Nordsee- und Ostseestrand, Seebäder und Wattenmeer, blühende Rapsfelder, reetgedeckte Häuser und wuchtige Kirchen, Holsteinische Schweiz und Naturparks

Der Hafen von Lübeck (oben)

Die Trachten auf Amrum gefallen durch filigranen Schmuck (unten)

Da liegt es, das platte Land, zwischen Nord- und Ostsee, zwischen Elbe und Dänemark: Das Abbild eines Paradieses, das alles birgt, was Leib und Seele begehren. Bevor es das Schleswig-Holstein werden konnte, das die Einheimischen und ebenso auch die Gäste kennen und deswegen lieben, mußte das Land zwischen den Meeren im Laufe der Jahrhunderte so manchen Schrecken erleiden und viele Hindernisse überwinden. Die frühesten Spuren menschlicher Existenz in Schleswig-Holstein datieren 120000 bis 200000 Jahre zurück. Fast unbemerkt vom Lauf der Weltgeschichte, fast am Rande der bekannten Welt, wurden dann vor 5000 Jahren die Menschen hier als Bauern seßhaft. Die Fischer blieben bei ihrer harten Arbeit, die Schätze der See in ihren Netzen zu heben. Die Völkerwanderung führte Germanen und Slawen zusammen; aus dem Norden kamen die Wikinger, kriegerische Bauern und Händler, die in Haithabu bei Schleswig den bedeutendsten Handelsplatz des Nordens hatten. Angeln und Sachsen brachen von ihren Landen auf, um die römische Herrschaft in England abzulösen.

Wuchtige Hünengräber erinnern an die frühen Bewohner Schleswig-Holsteins

Schleswig-Holstein wurde immer wieder zum Schlachtfeld zwischen dem Deutschen Reich und dem dänischen Königreich. In den Städten, an erster Stelle Lübeck, das die Bedeutung Haithabus übernommen und es schnell überflügelt hatte, blühte der Handel mit fernen Ländern. Lübeck, vor der Neugründung 1143 eine slawische Stadt, zu der sich eine deutsche Kaufmannssiedlung gesellt hatte, wurde die wichtigste Stadt im Städte- und Handelsbündnis der Hanse. Es wurde 1226 Reichsstadt und verlor erst 1937 unter den Nationalsozialisten seine Selbständigkeit.

Auf ewig ungeteilt sollten Schleswig und Holstein sein. Das sicherte 1460 der dänische König Christian I. seinen Untertanen zu. Trotz des königlichen Versprechens wurde das Land im 15. und

Typische Fördelandschaft rund um Flensburg (oben)

Das weiße Renaissance-Schloß Glücksburg, etwa 10 Kilometer von Flensburg entfernt (unten)

Die wuchtigen Strandkörbe schützen vor Sonne und Wind

Das prächtige Schloß Gottorf bei Schleswig (oben)

Umbraust von Nordseewellen, die rote Insel Helgoland. Im Sommer tummeln sich hier Tausende von Fremden, im Winter gehört die Insel den Einheimischen (unten)

16. Jahrhundert oft geteilt. Die wichtigsten Herrschaftsbereiche waren die des Königs von Dänemark und die des Herzogs von Gottorf, die beide aus dem Hause Oldenburg stammten. In dieser Zeit erregten die Dithmarscher Bauern das Erstaunen der Welt. Ihr teils sogar unbewaffnetes Bauernheer von 6500 Mann besiegte das doppelt so starke dänisch-holsteinische Fürstenheer. So lehrten die standhaften Bauern den Fürsten das Fürchten. In Dithmarschen, wo heute viel und guter Kohl angebaut wird, hatte sich außerdem ein eigenständiges Gesellschaftssystem entwickelt; die Familienverbände waren genossenschaftlich zusammengeschlossen.

Erst 1559 gelang es einem Heer von 17000 Mann, das 12000 Mann starke Heer der Bauernrepublik zu schlagen und das Land zu teilen. Inzwischen hatte sich die Reformation durchgesetzt, eine evangelische Landeskirche war im Jahr 1532 gebildet worden. Daß die dynastischen Verwirrungen in Schleswig und Holstein nicht noch verwirrter wurden, daß Holstein nicht Teil des russischen Zarenreichs wurde, ist 1773 dem Verzicht des Großfürsten Paul von Rußland zu verdanken, eines Sohnes des holsteinischen Herzogs. Im 19. Jahrhundert, der Zeit der nationalen Einigungen, strebten die „Schleswig-Holsteiner“ die Einheit innerhalb eines deutschen Nationalstaates an. 1848, im Jahr der bürgerlichen Revolution in Deutschland, erhoben sich dann die Schleswig-Holsteiner gegen Dänemark. So wie aber die deutsche Revolution an den Fürsten scheiterte, so mißlang auch dieser Aufstand. Die folgende Eingliederung Schleswigs in das dänische Reich führte schließlich 1864 zum Deutsch-Dänischen Krieg, den die miteinander verbündeten Preußen und Österreicher gewannen. Schon zwei Jahre später führten die Preußen gegen die Österreicher Krieg, die Sieger machten Schleswig-Holstein in der Folge zur preußischen Provinz.

Die Hallig Nordstrandischmoor, nördlich von Husum

Aus der provinziellen Bedeutung trat Schleswig-Holstein 1918 heraus. Die Matrosen der Kieler Kriegsschiffe weigerten sich auszulaufen. Ihrem Beispiel folgten im ganzen Deutschen Reich die Matrosen, Arbeiter und Soldaten, die Räte bildeten. Die Novemberrevolution brachte das morsche Kaiserreich zum Einsturz. Bei den Reichstagswahlen 1932 erreichten die Nationalsozialisten in Schleswig-Holstein die absolute Mehrheit. Den Wahn der braunen Machthaber mußte auch das Land im Norden des Reiches bitter bezahlen: Die Städte des Landes, stolze Zeugen einer großen Vergangenheit, sanken 1945 zum Teil in Schutt und Asche.

Sylt: Das Rote Kliff (30 Meter hoch, 4 Kilometer lang) zwischen Kampen und Wenningstedt ist auf besonderen Schutz angewiesen, immer wieder greifen Wind und Wellen nach dem Naturdenkmal

Schleswig-Holstein heute, das sind 15 720 Quadratkilometer mit rund 2,6 Millionen Einheimischen und unzähligen Gästen, über denen sich ein blauer Himmel mit weißen Wolken wölbt – oder ein grauer Sturmhimmel. Die frische Luft und die Meere im Osten und Westen bieten den Menschen, die Erholung oder Heilung suchen, nicht nur in den 16 Nord- und Ostseebädern die Erfüllung ihrer Wünsche. Landschaft und Natur verwöhnen in reichem Maße.

In das Wattenmeer zwischen Küste und offener Nordsee sind die Nordfriesischen Inseln eingebettet; um nur die größten zu erwähnen: Sylt, Föhr, Amrum, Pellworm und die Halbinsel Nordstrand. Wegen der schützenswerten Pflanzen- und Tierwelt ist dieses Gebiet zum „Naturschutzpark Schleswig-Holsteinisches Wattenmeer" erklärt worden. Durchs ganze Land ziehen sich die vielen anderen Naturparks, deren aufregendster und abwechslungsreichster natürlich die Holsteinische Schweiz ist. Die Tierfreunde ergötzen sich nicht nur an den holsteinischen Schwarzbunten, die mit Milch und Fleisch auch zur Freude der Feinschmecker beitragen; Seehunde gibt es anzuschauen, durch den Himmel fliegen schreiende Möwen und unzählige andere Seevögel, auch Kraniche, Kormorane und Seeadler gibt es hier zu beobachten.

Die Fische und Krabben, weniger zur Beobachtung als zum Genuß der Esser gedacht, sind auch von großer wirtschaftlicher Wichtigkeit. Kein Wunder, daß sie gebührend gefeiert werden. Es gibt Matjeswochen, eine Aalwoche und für die Karpfen, die aus den vielen Seen des Landes kommen, das Karpfenfest. In aller Welt kennt man die großen Feste und Festivals, zum Beispiel das Schleswig-Holstein-Musikfestival, die Karl-May-Festspiele in Bad Segeberg und natürlich die Kieler Woche. Für die Gäste ist in Schleswig-Holstein jeder Tag ein Festtag. Reich wie die Natur sind die Städte mit Sehenswürdigkeiten gesegnet. Ob in Lübeck, Kiel, Flensburg, Neumünster, Schleswig oder Husum, um nur einige aufzuzählen, die stellvertretend für andere stehen mögen, begegnet man der Kunst und Kultur, die in diesem Land einen reichen Nährboden haben. Die Schriftstellerbrüder Thomas und Heinrich Mann stammen aus Schleswig-Holstein, Klopstock, der „homerische" Voß, der „Wandsbecker Bote" Matthias Claudius, Theodor Storm, Klaus Groth und viele andere norddeutsche Heimatdichter haben diesem Land und der Welt ihre Werke geschenkt. Außerdem hatten die Maler Emil Nolde und Ernst Barlach hier ihre Heimat.

Über 4 Millionen wilde Krokusse blühen im Frühjahr im Schloßpark von Husum

Schleswig-Holstein läßt sich auch auf dem Rücken edler Pferde erkunden

Und weil Natur und Kultur guten Appetit bescheren, und weil gutes Essen Köm, Bier und Rotspon braucht, wünschen wir nun viel Freude beim Essen und Trinken im schönen Schleswig-Holstein und mit den Rezepten dieses Buches.

ESSEN UND TRINKEN IN NORDDEUTSCHLAND

Gänsekeule und Deichlamm, Ochsenbraten und Stubenküken, „Gröner Heini" und Nordseekrabben, Grog und Pharisäer

Wenn auch die Menschen im Norden manchmal dem Spruch: „Wat de Buur nich kenn', dat fritt he nich" huldigen, kein Besucher sollte dies beherzigen, denn die hiesige

Die bunten Bauernmärkte haben hier viel zu bieten

Küche birgt zahlreiche kulinarische Entdeckungen und Genüsse. Vor allem der traditionellen Weltoffenheit der Hansestädte ist es zu verdanken, daß die Küche im hohen Norden so ganz anders ist als im übrigen Deutschland: Kräuter und Gewürze aus fernen Ländern bereicherten schon früh die üppig gedeckten Tische der Händler und Kaufleute. Die ländliche Küche hingegen ist eher von einfachen, aber immer sehr gehaltvollen Gerichten geprägt, die aus den vielfältigen Erzeugnissen des Meeres und der fruchtbaren Böden zusammengestellt sind. Man liebt hier insbesondere die Kombination von süß-sauer und Fett, die sich aufs trefflichste im „Grönen Heini" zeigt, einem deftigen Gericht aus grünen Bohnen, geräuchertem Speck und aromatischen Birnen.

Die norddeutschen Mastochsen liefern zart marmoriertes Fleisch für kräftige Braten, auf den Salzwiesen der Deiche weiden Schafe und Gänse, die zusammen mit Enten und Stubenküken die sonn- oder festtägliche Tafel bereichern. Das kostbarste Erzeugnis ist der Katenschinken, langsam über harzfreiem Holz geräuchert. Die salzhaltige Luft sorgt für die rechte Würzung. Der Fischreichtum des Meeres beschert Abwechslung in der maritim ausgerichteten Küche: Nirgends schmeckt ein Fisch frisch aus dem Rauch besser als hier im Norden. In mühevoller Handarbeit werden frische Nordseekrabben gepult, um den Genießer anschließend auf Rührei und Schwarzbrot zu beglücken. Zum Essen trinkt man am liebsten ein gepflegtes, frisches Pils, und zum Abschluß gehört natürlich immer ein ordentlicher Schluck Köm (Korn) dazu. Wenn Sturm und Regen über das Land hinwegfegen, wärmt man sich mit einem steifen Grog oder einem Pharisäer, heißem, süßem Kaffee mit einem kräftigen Schuß Rum und einem krönenden Sahnehäubchen.

Da sollte niemand vorbeigehen: Fisch schmeckt nur hier nach Meer und mehr

VORSPEISEN

KLEINE KÖSTLICHKEITEN VON DER KÜSTE

MARINIERTER LACHS

Für 6 Portionen
Marinierzeit: 48 Stunden

1 kg Lachs
3 EL Zucker
3 EL grobes Salz
1 TL zerstoßene weiße Pfefferkörner
3 EL Dill, gehackt
2 EL Petersilie, gehackt
½ unbehandelte Zitrone
½ unbehandelte Orange
einige gemischte Salatblätter wie Lollo rosso, Radicchio, Kopfsalatherzen, Feldsalat

1. Bitten Sie Ihren Fischhändler, daß er Ihnen den Lachs der Länge nach halbiert und das Rückgrat sowie die kleinen Gräten entfernt. Falls er diese Arbeit für Sie nicht übernimmt, müssen Sie den Lachs vom Schwanz zum Kopf hin schuppen und den Kopf hinter den Kiemen abtrennen, danach wird der Fisch der Länge nach halbiert, indem Sie die Filets mit einem Messer von der Mittelgräte ablösen. Die feinen, festsitzenden Gräten müssen mit einer kleinen Flachzange oder einer Pinzette herausgezogen werden.
2. Mischen Sie in einem kleinen Gefäß den Zucker mit dem Salz, dem zerstoßenen Pfeffer und den Kräutern.
3. Mit dieser Mischung bestreichen Sie die beiden Fleischseiten der Lachsfilets.
4. Die Zitrone und die Orange werden heiß gewaschen, abgetrocknet und in Scheiben geschnitten. Legen Sie die Orangen- und Zitronenscheiben auf die gewürzten Lachsfilets und legen Sie diese so zusammen, daß die gewürzten Fleischseiten innen sind. Dekken Sie den Fisch mit Klarsichtfolie ab, und beschweren Sie den Lachs mit zwei Konservendosen. Alle zwölf Stunden sollten Sie den Lachs wenden.
5. Nach etwa 48 Stunden schaben Sie die Gewürz-Kräuter-Beize vorsichtig mit einem Messer vom Fisch ab, schneiden den Lachs mit einem scharfen, schmalen Messer in dünne Scheiben und richten diese auf Tellern an.
6. Die Salatblätter waschen, gut abtropfen lassen und den marinierten Lachs damit garnieren.

■ TIP

Sie können zu dieser feinen, hausgemachten Lachsspezialität die folgende Sauce reichen: 1 EL süßen Senf mit 3 EL saurer Sahne, 3 EL Delikateß-Mayonnaise, wenig Zitronensaft und etwas gehacktem Dill verrühren. Am besten schmeckt dazu getoastetes Weißbrot oder kerniges Vollkornbrot mit Butter.

LACHSTATAR

Für 4 Portionen

4 Scheiben Weißbrot
3 EL Butter
200 g Lachsfilet
Salz, Pfeffer
etwas Zitronensaft
etwas Olivenöl
16 Scheiben Salatgurke
50 g Ketakaviar oder Forellenkaviar

1. Die Brotscheiben werden in der Butter auf beiden Seiten goldbraun gebraten und in jeweils 4 Teile geschnitten.
2. Anschließend das Lachsfilet in sehr feine Würfel hacken und mit Salz, Pfeffer, Zitronensaft und etwas Öl würzen.
3. Belegen Sie die Weißbrotscheiben mit den dünnen Gurkenscheiben und geben Sie etwas Lachstatar und ein wenig Kaviar obendrauf.
(Foto Seite 17: unten)

■ **TIP**
Statt des frischen Lachsfilets können Sie für dieses Lachstatar auch Graved Lachs, das ist frischer Lachs, der mehrere Tage mit Salz, Pfeffer, Zucker und frischen Kräutern gebeizt wird, verwenden. Aber Sie können diese feine Vorspeise auch mit geräuchertem Lachs zubereiten. In diesem Fall entfällt das Olivenöl.

MATJESTATAR

Für 4 Portionen

4 Scheiben Weißbrot
3 EL Butter
200 g Matjesfilets
1 Schalotte, gehackt
2 EL winzige Apfelwürfel
1 EL Gewürzgurkenwürfel
1 TL Senf
1 TL Mayonnaise
1 Tomate
2 EL Kapern

1. Zunächst werden die Brotscheiben in der Butter auf beiden Seiten goldbraun gebraten und anschließend in 4 Teile geschnitten.
2. Entfernen Sie aus den Matjesfilets herausragende Gräten mit einer Flachzange oder einer Pinzette. Anschließend werden die Filets sehr fein gehackt und mit den Schalotten-, Apfel- und Gurkenwürfeln gemischt. Würzen Sie das Tatar mit Senf und Mayonnaise.
3. Schneiden Sie die gewaschene Tomate in sehr dünne Scheiben und legen Sie sie auf das Brot, darauf kommen das Matjestatar und die Kapern.
(Foto Seite 17: oben)

■ **TIP**
Statt des Weißbrots können Sie sowohl das Lachstatar als auch das Matjestatar auf gebutterten Vollkornbrotscheiben anrichten.

KIELER SPROTTEN MIT RÜHREI

Für 4 Portionen

12 Kieler Sprotten
8 Eier
3 EL Milch
Salz
Pfeffer
4 EL Butter
1 Bund Schnittlauch

1. Die Sprotten von Kopf und Schwanz befreien und dabei die Mittelgräten herausziehen. Nach Geschmack kann die Haut abgezogen werden. Mit Haut schmeckt's allerdings rauchiger.
2. Nun werden die Eier mit der Milch, etwas Salz und Pfeffer verquirlt (nicht geschlagen). Die Butter in einer großen Pfanne aufschäumen lassen und das verquirlte Ei hineingießen und bei milder Hitze vorsichtig stocken lassen. Dabei mehrmals mit einer Gabel zerteilen und wenden. Dann werden die Sprotten ganz dazugegeben. Die Pfanne abdecken und neben dem Herd einige Minuten stehenlassen.
3. Das Rührei darf nicht zu trocken werden, es soll saftig sein. Kurz vor dem Servieren mit dem gewaschenen und zerkleinerten Schnittlauch bestreuen.
Dazu schmecken gebuttertes Vollkornbrot und ein Glas Aquavit.

■ VARIATION

Statt der Sprotten können Sie dieses Gericht auch mit geräuchertem Aal herstellen. Sie benötigen dafür 300 Gramm geräucherten Aal. Diesen müssen Sie von der Mittelgräte und der Haut befreien. Anschließend werden die Aalfilets in Stücke geschnitten und kurz in dem gestockten Rührei erwärmt.

KRABBENFRÜHSTÜCK

Für 4 Portionen

4 EL Mayonnaise
2 EL Joghurt
1 Zwiebel
1 Msp. Currypulver
4 EL Kräuter, gehackt
250 g ausgelöste Krabben
6 hartgekochte Eier
Selleriesalz
Zitronensaft
1 Schälchen Kresse
4 Scheiben Vollkornbrot
4 EL Butter

1. Die Mayonnaise mit dem Joghurt glattrühren. Die Zwiebel schälen und sehr fein hacken, mit dem Currypulver und nach Geschmack mit den Kräutern der Saison und der Mayonnaise mischen. Dann die Hälfte des Krabbenfleischs darunterrühren.
2. Eine tiefe Platte mit dem angemachten Krabbenfleisch auslegen.
3. Die geschälten Eier der Länge nach halbieren, mit etwas Selleriesalz bestreuen und kranzförmig um die Krabben herumsetzen. In die Mitte die restlichen Krabben häufen und mit etwas Zitronensaft beträufeln.
4. Zwischen die Eihälften die gewaschene Kresse garnieren.
5. Das Vollkornbrot mit der Butter bestreichen und mit eisgekühltem Aquavit servieren.
(Foto Seite 19)

■ **TIP**
In den Monaten Mai und Juni verwendet man in Küstennähe am liebsten frische Möweneier, die immer hart gekocht werden müssen.

KRABBEN MIT RADIESCHEN

Für 4 Portionen

½ Eisbergsalat
2 Bund Radieschen
400 g ausgelöste Krabben
1 Bund Schnittlauch
2 EL Essig-Essenz (25%)
3–4 EL Öl
Salz, Pfeffer
1 TL Senf
¼ TL Zucker

1. Den Salat putzen, waschen, gut abtropfen lassen und dann streifig schneiden. Die Salatstreifen in einer flachen Schale anrichten.
2. Die Radieschen ebenfalls putzen, waschen und achteln. Anschließend mit dem Krabbenfleisch mischen und auf den Salatblättern anrichten.
3. Den Schnittlauch waschen und in Röllchen schneiden, anschließend mit der Essig-Essenz, 4 bis 6 Eßlöffel Wasser, dem Öl, Salz, Pfeffer, Senf und dem Zucker verrühren, dann über die Krabben gießen.
Dazu schmecken Schwarzbrot mit Butter bestrichen oder frisch gekochte Pellkartoffeln.

FEINE MÖWENEIER

Für 4 Portionen

200 ml Hühnerfond
2 Schalotten
2 EL Balsamessig
1 TL Kräutersenf
Salz, Zucker, Pfeffer
2 EL Weißweinessig
3 EL Sonnenblumenöl
100 g gekochte Kartoffeln
4 Möweneier
600 g Löwenzahnsalat
100 g durchwachsener Speck
2 EL Butter

1. Den Hühnerfond aus dem Glas in einem Topf erhitzen. Die Schalotten schälen und feingehackt in den Fond geben. Die Schalottenwürfel 2 Minuten kochen. Anschließend den Essig, den Senf, etwas Salz, Zucker, Pfeffer und den Weißweinessig hinzufügen. Danach teelöffelweise das Öl darunterrühren und kräftig mixen.
2. Die Kartoffeln zerdrücken. Anschließend das Kartoffelmus mit der Sauce mischen.
3. Die Eier in Salzwasser 6 bis 8 Minuten hartkochen und anschließend unter kaltem Wasser abschrecken.
4. Den Löwenzahnsalat putzen, die äußeren Blätter und die Stiele entfernen. Die Löwenzahnblätter waschen, trockenschleudern und zerteilen.
5. Die Sauce mit den Löwenzahnblättern mischen und auf großen Tellern anrichten.
6. Die abgeschreckten Eier halbieren und auf den Salat setzen.
7. Den Speck würfeln, in der Butter goldbraun braten und über den Salat streuen.

(Foto Seite 20)

ROTE-BETE-SALAT

Für 4 Portionen

500 g rote Bete
1 Bund Schnittlauch
¼ Stange frischer Meerrettich
3 EL Himbeeressig
1 EL Weißweinessig
4 EL Haselnußöl oder Olivenöl
Salz
Pfeffer
½ TL Zucker

1. Die rote Bete waschen und 40 bis 45 Minuten in Wasser kochen. Anschließend die rote Bete aus der Schale drücken (es ist ratsam, dazu Gummihandschuhe anzuziehen, weil das Gemüse sehr stark färbt).
2. Die rote Bete in sehr feine Scheiben hobeln und auf 4 Tellern anrichten.
3. Den Schnittlauch waschen, in Röllchen schneiden und über die rote Bete streuen.
4. Den Meerrettich schälen und sehr fein über die rote Bete raspeln.
5. Für die Sauce die Essigsorten mit dem Öl vermischen und anschließend mit Salz, Pfeffer und Zucker würzen. Zum Schluß über die rote Bete gießen.

■ **TIP**

Dieser Salat schmeckt sowohl zu gedünstetem wie gebratenem Fisch, aber auch zu geschmortem Deichlamm.

BUNTER KRABBENCOCKTAIL

Für 4 Portionen

400 g ausgelöste Krabben
einige Salatblätter
125 g süße Sahne
2 EL Tomatenketchup
4 EL Zitronensaft
einige Tropfen Tabasco
1 EL Weinbrand
Salz
1 TL geriebener Meerrettich
1 Zitrone
etwas Petersilie

1. Legen Sie die Krabben in eine Schüssel und waschen Sie die Salatblätter. Anschließend tupfen Sie die Salatblätter mit etwas Küchenpapier trocken und kleiden damit 4 Cocktailschalen oder Gläser aus.
2. Nun wird die Sahne sehr steif geschlagen. Mischen Sie anschließend das Ketchup, den Zitronensaft, etwas Tabascosauce, den Weinbrand, Salz und den Meerrettich vorsichtig unter die geschlagene Sahne und schmekken Sie alles noch einmal ab.
3. Geben Sie die gewürzte Sahne über die Krabben und mischen alles sehr vorsichtig.
4. Löffeln Sie nun den Cocktail in die 4 Cocktailschalen, und garnieren Sie sie mit einigen Zitronenscheiben und etwas Petersilie.
Dazu reicht man getoastete Weißbrotschnitten oder Vollkornbrot mit Butter bestrichen.

FISCH IN GELEE

Für 4 Portionen

8 Blatt weiße Gelatine
¼ l Weißwein
¼ l Wasser
3–5 EL Weißweinessig
½ TL Salz
500 g Sild oder gebratene Heringe oder Räucherfisch oder gekochter Aal
1 hartgekochtes Ei
1 Bund Radieschen
einige Stiele Dill

1. Die Gelatine für 10 Minuten in kaltem Wasser einweichen und anschließend gut ausdrücken.

2. Den Wein mit dem Wasser, dem Essig und dem Salz mischen und aufkochen lassen, anschließend darin die eingeweichte und ausgedrückte Gelatine einrühren und abkühlen lassen.

3. Den Fisch in mundgerechte Stücke teilen.

4. Das Ei schälen und mit dem Eierschneider in dünne Scheiben schneiden.

5. In kleine Förmchen (beispielsweise Kaffeetassen) etwas abgekühlte Brühe gießen, jeweils 1 Scheibe Ei hineinlegen und im Kühlschrank festwerden lassen. Anschließend noch etwas Brühe daraufgießen und wieder im Kühlschrank erstarren lassen.

6. Nun den zerkleinerten Fisch auf das erstarrte Gelee setzen und mit der restlichen Brühe begießen.

7. Den Fisch in Gelee im Kühlschrank mindestens 3 Stunden erstarren lassen.

8. Die Radieschen putzen, waschen und gut abtropfen lassen. Den Dill waschen und trockentupfen. Den Fisch in Gelee auf eine Platte stürzen und mit den Radieschen und dem Dill garnieren.

■ VARIATION

Zusätzlich zu den Fischen können Sie auch einige gekochte Blumenkohlröschen, gekochte Möhrenscheiben oder gekochte Erbsen mit den Fischen in die Förmchen schichten.
Dazu schmeckt eine Sauce aus 125 Gramm Salatmayonnaise, gemischt mit 2 Eßlöffeln gehackten Kräutern und etwas Tabascosauce.

MATJESBUTTER MIT ZWIEBELN

Für 6 Portionen

150 g Matjesfilets
150 g Zwiebeln
150 g Butter

1. Ein Hackbrett und ein scharfes Messer kalt abspülen. Die gewaschenen und trockengetupften, aber nicht gewässerten Matjesfilets auf dem feuchten Brett sehr fein hacken.
2. Die Zwiebeln schälen, ebenfalls fein hacken und mit dem Fisch mischen.
3. Die zimmerwarme Butter mit Hilfe einer Gabel unter die Hering-Zwiebel-Masse mischen und kühl stellen.

SCHILLERLOCKEN IN WEINGELEE

Für 4 Portionen

7 Blatt weiße Gelatine
½ l trockener Weißwein
4 EL Weinessig
1 TL Salz, Pfeffer
1 Lorbeerblatt
3 Wacholderbeeren
250 g Schillerlocken
1 hartgekochtes Ei
6 eingelegte Maiskölbchen
6 Cornichons
1 kleine Dose Champignons
1 Dillzweig

1. Die Gelatine 10 Minuten in kaltem Wasser einweichen und dann gut ausdrücken.
2. Den Weißwein mit dem Weinessig, dem Salz, etwas Pfeffer, dem Lorbeerblatt und den Wacholderbeeren aufkochen lassen und anschließend darin die ausgedrückte Gelatine verrühren.
3. Die Schillerlocken in mundgerechte Stücke schneiden, das Ei schälen und mit dem Eierschneider in dünne Scheiben schneiden.
4. Die Maiskölbchen einmal längs halbieren. Die Cornichons würfeln und die abgegossenen Champignons halbieren.
5. In eine Fischform oder in eine andere beliebige Form (Inhalt etwa ¾ Liter) etwas erkaltete, aber noch flüssige Brühe füllen und im Kühlschrank erstarren lassen. Darauf in einem hübschen Muster die Eischeiben, das Gemüse und den Dillzweig legen, dann wieder etwas Brühe dazugießen und im Kühlschrank festwerden lassen.
6. Nun die Schillerlockenstücke und die restlichen Zutaten einschichten und mit der restlichen Brühe begießen. Die Sülze im Kühlschrank erstarren lassen.
7. Zum Stürzen mit einem spitzen Messer den Rand des Gelees lösen, die Form kurz in heißes Wasser stellen und auf eine Servierplatte stürzen.
(Foto Seite 23)

MATJES AUF EIS

Für 4 Portionen
Vorbereitungszeit: 24 Stunden

1 l Wasser
einige Blüten oder frische Kräuter
8 Matjesfilets

1. In eine eckige Auflaufform das Wasser gießen und mit den Blüten oder den frischen Kräutern bestreuen. Das geschmückte Wasser anschließend im Gefrierschrank 24 Stunden festwerden lassen.

2. Die Matjesfilets unter kaltem Wasser abspülen und anschließend mit Küchenpapier trokkentupfen, eventuelle Gräten mit der Pinzette herausziehen.

3. Die Auflaufform kurz in warmes Wasser stellen, mit einem Brett oder einem Tablett abdecken, umdrehen und die Form abheben.

4. Den Eisblock entweder auf dem Tablett lassen oder in eine Glasform legen, darüber ordnen Sie die Matjesfilets an und servieren dazu getoastetes Weißbrot mit Butter, ein kühles Bier und einen eiskalten klaren Schnaps.

■ **TIP**

Sie können die Matjesfilets auch auf einem Bett aus gestoßenem Eis servieren. Dafür legen Sie das zerkleinerte Eis auf eine flache Schale und drücken einen Teller hinein, auf dem die Matjesfilets angerichtet werden.

KARTOFFELSALAT MIT HERING

Für 4 Portionen

800 g Salatkartoffeln
Salz
1 geräucherter Lachshering
Pfeffer
Saft von ½ Zitrone
½ Salatgurke
4 EL Salatmayonnaise
4 EL Joghurt
4 EL süße Sahne
1 EL süßer Senf
1 Bund Schnittlauch

1. Die Kartoffeln waschen und in Salzwasser 25 bis 30 Minuten kochen. Anschließend schälen und abkühlen lassen.
2. Die abgekühlten Kartoffeln in recht dünne Scheiben schneiden und in eine Schüssel legen.
3. Den Lachshering am Rücken aufschneiden, die Haut abziehen und die Filets von der Mittelgräte lösen, kleine Gräten mit einer Pinzette entfernen. Die Heringsfilets in mundgerechte Stücke schneiden und zu den Kartoffeln geben.
4. Die geschälte Gurke würfeln und zu den Kartoffeln legen.
5. Für die Sauce die Mayonnaise mit dem Joghurt, der süßen Sahne und dem Senf sowie den Schnittlauchröllchen mischen und über die Salatzutaten gießen. Vor dem Servieren den Salat 30 Minuten durchziehen lassen.

MATJES-SPECK-SALAT MIT GRÜNEN BOHNEN

Für 4 Portionen

400 g Salatkartoffeln
Salz
⅛ l Fleischbrühe
200 g grüne Bohnen
125 g durchwachsener Speck
8 Matjesfilets
1 EL abgeriebene Zitronenschale
8 EL Sonnenblumenöl
4 EL Weißweinessig
2 Stengel Bohnenkraut
1 TL Pfeffer, zerstoßen

1. Die Kartoffeln waschen und in Salzwasser 25 bis 30 Minuten garen. Anschließend abgießen und schälen. Die abgekühlten Kartoffeln würfeln und in eine Schüssel geben.
2. Die Brühe erhitzen und über die Kartoffeln gießen.
3. Die Bohnen putzen, in kleine Stücke brechen und in Salzwasser 10 bis 15 Minuten kochen. Abgießen, abtropfen lassen und anschließend mit den Kartoffelwürfeln mischen.
4. Den Speck sehr fein würfeln und in einer Pfanne knusprig ausbraten, ohne Fett über die Kartoffeln streuen.
5. Die Matjesfilets kurz unter kaltem Wasser abspülen, abtupfen und in Streifen schneiden, anschließend mit der Zitronenschale bestreuen.
6. Für die Sauce das Öl mit dem Essig verrühren. Das gewaschene Bohnenkraut fein hacken und mit dem Pfeffer unter die Sauce rühren. Alle vorbereiteten Zutaten locker miteinander mischen und 30 Minuten durchziehen lassen.
(Foto Seite 25)

MATJESSALAT MIT BOHNEN UND BACKPFLAUMEN

Für 4 Portionen

8 Matjesfilets
1 Kopfsalat
250 g Buschbohnen
¼ l Gemüsebrühe
12 entkernte Backpflaumen
2 Schalotten
½ Bund Dill
250 g saure Sahne
4 EL Zitronensaft
Meersalz
Pfeffer
1 Apfel
2 Tomaten
2 Eier

1. Die Matjesfilets unter kaltem Wasser abspülen und trockentupfen. Anschließend in schmale Streifen schneiden. Den Kopfsalat waschen und gut abtropfen lassen.
2. Die Bohnen putzen, waschen, einmal in der Mitte durchbrechen und in der heißen Gemüsebrühe 12 Minuten garen. Die Bohnen aus der Brühe heben und abtropfen lassen.
3. Die Backpflaumen halbieren, mit der warmen Gemüsebrühe übergießen und mindestens 15 Minuten quellen lassen.
4. Die Schalotten schälen und würfeln. Den Dill waschen und bis auf einige zarte Blätter fein hacken.
5. Die saure Sahne mit dem gehackten Dill, den Schalottenwürfeln, dem Zitronensaft, Salz und Pfeffer verrühren.
6. Den geschälten Apfel in schmale Stifte schneiden. Zusammen mit den Matjesstreifen, den Bohnen und den abgetropften Backpflaumen zur Sahnesauce geben und mischen.
7. Die Tomaten kreuzweise einritzen und kurz in kochendes Wasser tauchen, dann enthäuten und die Kerne entfernen. Die Tomaten achteln. Die Eier hartkochen, pellen und ebenfalls achteln.
8. Die Salatblätter mit dem Matjessalat auf 4 Tellern anrichten, dann mit den Tomaten, Eiern und einigen Dillspitzen garnieren.

HAUSMACHER METTWURST

Für etwa 3 Kilogramm Wurst

1 kg mageres Schweinefleisch
1 kg durchwachsener Speck
1 kg Schweinebauch
1 kg Eis
65 g Pökelsalz
4 EL Pfeffer, gemahlen
2 EL Piment, gemahlen
1 EL Muskatnuß, gerieben
2 EL Kümmelpulver
je 1 EL Rosmarin u. Majoran
1 Tasse mittelscharfer Senf
2 Bund Petersilie

1. Das Fleisch und den Speck mit Schwarte in Würfel schneiden und mindestens 4 Stunden im Tiefkühlschrank frosten lassen.
2. Das Fleisch herausnehmen und anschließend durch die feine Scheibe des Fleischwolfs drehen.
3. Das Fleisch mit dem Eis und dem Salz im Mixer nach und nach pürieren.
4. Die Wurstmasse mit allen Gewürzen mischen und kräftig abschmecken, eventuell noch etwas Salz hinzufügen.
5. Das Brät nach Belieben in ausgespülte Därme pressen oder in heiß ausgewaschene Gläser oder Dosen füllen und gut verschließen.
6. Die Einkochzeit bei Gläsern oder Dosen beträgt 120 Minuten bei 100 Grad. Die Wurst in Därmen 60 Minuten in Wasser sieden lassen.
7. Servieren Sie diese Mettwurst zu einem der beiden Brote auf den folgenden Seiten.
(Foto Seite 27)

SCHNITTCHEN MIT KRABBEN

Für 4 Portionen

4 Scheiben Vollkornbrot
4 EL Butter
4 Eier
2 EL Milch
Salz, Pfeffer
4 EL Butter
250 g ausgelöste Krabben
1 Bund Schnittlauch

1. Bestreichen Sie das Vollkornbrot mit der Butter.
2. Verrühren Sie die Eier mit der Milch und würzen Sie sie mit Salz und Pfeffer.
3. Erhitzen Sie die Butter in einer Pfanne und gießen Sie die Eier hinein. Rühren Sie das Ei vorsichtig um, es darf nicht zu fest werden. Anschließend verteilen Sie das Rührei auf die 4 Brotscheiben und legen die Krabben darüber.
4. Den gewaschenen Schnittlauch in feine Röllchen schneiden und über die Krabben streuen.

■ TIP
Das „Herzhafte Schrotbrot" (Rezept auf Seite 28) ist eine ideale Unterlage für das Rührei mit Krabben.
Dazu schmeckt ein kühles Bier oder ein Gläschen Aquavit.

HERZHAFTES SCHROTBROT

Für etwa 20 Scheiben

300 g Weizenvollkornschrot
300 ml Wasser
(30 Grad warm)
1 gehäufter TL
Sekowa-Backferment
(aus dem Reformhaus)
½ Würfel Hefe oder
1 P. Trockenhefe

Hauptteig:

400 g Roggenvollkornschrot
100 g Sechskornschrot
50 g Leinsamenschrot
150 g kernige Haferflocken
knapp ⅜ l Wasser
(45 Grad warm)
4 TL Salz
½ TL Zucker
2 EL Speiseöl
Schrot zum Kneten
¼ Tasse schwarzer Kaffee
etwas Mehl

1. Für den Vorteig geben Sie das Weizenvollkornschrot in eine Schüssel, mischen das Wasser mit dem Spezial-Backferment und der Hefe und verkneten diese Mischung mit dem Schrot. Stecken Sie nun die Schüssel in eine Plastiktüte, legen Sie ein Tuch darüber und lassen Sie den Teig 24 Stunden ruhen.

2. Am nächsten Tag mischen Sie alle Mehlsorten und die Haferflocken in einer Schüssel und geben den Vorteig, das lauwarme Wasser, das Salz, den Zucker sowie das Öl dazu. Dann alle Zutaten zu einem geschmeidigen Teig verkneten, wieder in einen Plastikbeutel füllen und mit einem Küchentuch abdecken. An einem warmen Ort 30 Minuten gehen lassen.

3. Den gut aufgegangenen und gelockerten Teig mit etwas Schrot bestreuen und auf eine bemehlte Arbeitsplatte stürzen. Anschließend tüchtig durchkneten, bis der Teig nicht mehr klebt und geschmeidig ist. Das dauert mindestens 10 Minuten.

4. Formen Sie aus dem Teig einen länglichen oder runden Laib und legen Sie ihn auf ein mit Backpapier ausgelegtes Backblech. An einem warmen Ort muß das Brot noch einmal 60 Minuten gehen, bis sich der Teig verdoppelt hat

5. Das Brot vor dem Backen mit einem scharfen Messer beliebig einritzen und mit lauwarmem Wasser bestreichen.

6. Das Brot in den auf 250 Grad (Gas Stufe 6) vorgeheizten Backofen schieben. Auf den Boden eine feuerfeste Schale mit kochendem Wasser stellen. Nach 10 Minuten die Temperatur auf 200 Grad (Gas Stufe 3) herunterschalten. Das Brot weitere 50 Minuten backen.

7. Das Brot aus dem Backofen nehmen und noch warm gleichmäßig und dünn mit dem kalten Kaffee bestreichen, anschließend mit Mehl bestreuen.

(Foto Seite 28)

NORDDEUTSCHES FEINBROT

Für etwa 20 Scheiben

¾ l Milch
50 g Buchweizengrütze
800 g Roggenmehl Type 815
200 g Weizenmehl Type 550
4 TL Salz
1 Würfel Hefe
etwas Mehl zum Kneten
Butter für die Form
2 EL Milch
1 TL Speiseöl

1. Die Milch zum Kochen bringen, die Buchweizengrütze hineinrühren und darin ausquellen lassen, bis die Grütze weich ist. Anschließend muß die Grütze abkühlen.

2. Die beiden Mehlsorten mit dem Salz in einer Schüssel mischen. Mit einem Kochlöffel eine Mulde drücken und die Hefe hineinbröckeln, nun etwas Mehl darüberstreuen und die handwarme flüssige Buchweizengrütze hinzufügen. Alles zu einem glatten Teig verkneten, bis er sich vom Schüsselrand löst. Sollte der Teig zu fest sein, noch etwas warme Milch hinzufügen.

3. Den Teig zu einer Kugel formen und auf einer bemehlten Arbeitsfläche 10 bis 15 Minuten tüchtig kneten, bis er nicht mehr klebt, sondern weich und geschmeidig ist.

4. Den gekneteten Teig in eine mit Mehl bestreute Schüssel legen, in einen großen Plastikbeutel schieben und mit einem Küchentuch abdecken. Den Teig an einem warmen Ort 45 Minuten gehen lassen, bis er seinen Umfang verdoppelt hat.

5. Den Teig noch einmal durchkneten und zu einem länglichen Laib formen.

6. Eine Kastenform mit der Butter einfetten und den Teig einfüllen, noch einmal zudecken und 45 Minuten gehen lassen.

7. Die Milch mit dem Speiseöl mischen und das Brot damit bestreichen, anschließend mit einem scharfen Messer oder einer Schere die Oberfläche mehrmals quer einschneiden.

8. Das Brot in den auf 220 Grad (Gas Stufe 4) vorgeheizten Backofen schieben, auf den Boden eine feuerfeste Schüssel mit kochendem Wasser stellen. Das Brot 10 Minuten backen. Anschließend die Temperatur auf 200 Grad (Gas Stufe 3) herunterschalten und weitere 50 Minuten backen.

9. Das Brot 5 Minuten in der Backform ruhen lassen, dann stürzen und auf einem Kuchengitter abkühlen lassen.

■ **TIP**

Die Brote auf dieser Doppelseite können Sie zu geräucherten Fischen, Flensburger Matjesbutter (Seite 23), Matjes (Seite 24) oder Mettwurst (Seite 27) reichen.

MUSCHELSUPPE

Für 4 Portionen

1 kg Miesmuscheln
1 Zwiebel
1 Bund Suppengrün
3 EL Butter
200 ml sehr trockener Weißwein
Pfeffer
800 ml Fischfond (frisch zubereitet oder aus dem Glas)

außerdem:

2 Eigelb
1 EL Speisestärke
200 g süße Sahne
Salz
2 EL Dill, gehackt

1. Die Muscheln gründlich unter kaltem Wasser abbürsten und mit einem kleinen Messer die Bärte entfernen, geöffnete Muscheln wegwerfen.
2. Die Zwiebel schälen und das Suppengrün putzen, beides in sehr feine Scheiben schneiden und in der Butter in einem großen Topf andünsten.
3. Nun die Muscheln hinzufügen, ebenso den Weißwein, etwas Pfeffer und den Fischfond. Die Muscheln ungefähr 5 Minuten kochen lassen, bis sich alle Schalen geöffnet haben. Geschlossene Muscheln wegwerfen, sie sind verdorben.
4. Die Muscheln aus der Brühe nehmen und aus den Schalen lösen, den Sud durch ein Sieb gießen und offen 10 Minuten köcheln lassen. Anschließend die Brühe nochmals mit Salz und Pfeffer abschmecken.
5. Die Eigelbe mit der Speisestärke, der Sahne und etwas Salz glattrühren und in die Suppe gießen, anschließend die Muscheln und den Dill dazugeben und nochmals erhitzen.

■ TIP

Die Miesmuschel wird auch als Pfahl- oder Blaumuschel bezeichnet. Sie kommt praktisch in allen Weltmeeren vor. Die Miesmuschel aus der Nordsee wird etwa 6 Zentimeter groß. In den Monaten mit „r" (September bis April) ist sie frisch erhältlich.

TRINES AUSTERNSUPPE

Für 4 Portionen

100 g Tiefkühlspinat
1 Dose geräucherte Austern in Öl
10 frische Austern
400 ml Rinderfond (aus dem Glas)
80 ml Milch
80 g süße Sahne
½ Knoblauchzehe
Salz
Pfeffer
2 EL rosa Pfefferkörner

1. Den Spinat aus der Packung nehmen und in einem Gefäß auftauen lassen.

2. Die geräucherten Austern aus der Dose in ein hohes Gefäß geben. Die frischen Austern aus den Schalen brechen und zu den geräucherten Austern legen. Den Rinderfond dazugießen und alles pürieren.

3. Den aufgetauten Spinat, die pürierten Austern, die Milch und die Sahne in einen Topf geben und erhitzen, aber nicht kochen lassen, damit sich der frische Sahnegeschmack nicht verliert.

4. Die Knoblauchzehe schälen und ein Stück davon durch die Presse in die Suppe drücken. Vor dem Servieren die Austernsuppe mit Salz und Pfeffer abschmecken und auf 4 Suppentassen verteilen. Zum Schluß mit den rosa Pfefferkörnern bestreuen.

■ TIP

Die Auster ist die Königin der Schalentiere. Sie werden überwiegend roh verzehrt. Die häufigste heute angebotene Auster ist die portugiesische Felsenauster. Sie läßt sich gut züchten, während die flachen Belon-Austern in tiefen Gewässern gefischt werden. Die „Sylter Royal" ist eine portugiesische Auster, die seit einigen Jahren erfolgreich in der Blidsel-Bucht bei List gezüchtet wird. Frankreich ist das klassische Land der Austernzucht. „Fines de Claires" aus der Zucht bei Marenes-Oléron gelten als die feinsten portugiesischen Felsenaustern.

Viele Austern tragen den Namen ihres Herkunftsortes, beispielsweise Belon, Gravette, Imperial, Colchester und Helfort.

KARTOFFELSUPPE MIT METTWURST

Für 4 Portionen

½ Sellerieknolle
2 Stangen Porree
2 große Möhren
1 Zwiebel
2 EL Öl
6 geh. EL Kölln Instant-Flocken
1¼ l kräftige Fleischbrühe
500 g festkochende Kartoffeln
400 g Mettwurst
Petersilie, gehackt

1. Das Gemüse waschen, putzen, kleinschneiden und anschließend in dem heißen Fett rösten.
2. Nun die Instant-Flocken darüberstreuen und weiterrösten. Die Fleischbrühe erhitzen und nach und nach dazugießen.
3. Die Kartoffeln schälen und in Scheiben schneiden, die Mettwurst würfeln. Beides in die Suppe geben und 20 Minuten garen lassen.
4. Vor dem Servieren mit der gehackten Petersilie bestreuen.
(Foto Seite 32)

■ **TIP**
Für eine kräftige Fleischbrühe kochen Sie in 2 Litern Salzwasser 1 Kilogramm Suppenfleisch und 4 Fleischknochen mit 1 Bund Suppengrün, 10 Pfefferkörnern und 1 Lorbeerblatt etwa 2 Stunden. Die Brühe mit allen Zutaten abkühlen lassen und durch ein Sieb gießen.

KRABBENSUPPE MIT KLÖSSCHEN

Für 4 Portionen

1 l kräftige Rinderbrühe
2 Krebssuppenwürfel
1 kleine Dose Spargel
1 kleine Dose Erbsen
200 g Krabbenfleisch
2 EL Tomatenmark
2 EL saure Sahne
200 g Rinderhackfleisch
1 Eigelb
½ Zwiebel
2 EL Semmelbrösel
Salz, Pfeffer
Muskatnuß

1. Die Hälfte der Rinderbrühe erhitzen und die Krebssuppenwürfel darin zerdrücken und auflösen, aber nicht kochen lassen.
2. Den Spargel und die Erbsen abgießen und gut abtropfen lassen, zusammen mit dem Krabbenfleisch mischen.
3. Den Krebswürfelbrei mit Tomatenmark und Sahne verrühren.
4. Das Rinderhackfleisch mit dem Eigelb, der gehackten Zwiebel, den Semmelbröseln sowie den Gewürzen mischen und kleine Bällchen formen.
5. Die Klößchen in der anderen Hälfte der heißen Brühe gar ziehen lassen. Die Klößchen herausnehmen und die Brühe mit dem Krebswürfelbrei und dem Spargel, den Erbsen und dem Krabbenfleisch mischen. Anschließend die Fleischklößchen dazugeben.

DEFTIGE GRÜNKOHLSUPPE

Für 6 Portionen

1,5 kg Grünkohl
250 g Haferflocken
600 g Kasseler
1 Zwiebel
1 Bund Suppengrün
4 Kochwürste
Salz, Pfeffer

1. Den Grünkohl von den dicken Blattrippen streifen, gut waschen und anschließend durch die grobe Scheibe des Fleischwolfs drehen. Den Grünkohlbrei mit den Haferflocken mischen.
2. Das Kasseler in einen Topf geben und 1,5 Liter Wasser darübergießen. Die geschälte Zwiebel fein hacken, ebenso das geputzte Suppengrün. Beides zum Kasseler geben und 1 Stunde leise köcheln lassen.
3. Das Fleisch aus der Brühe nehmen und würfeln. Anschließend den Grünkohlbrei in der Brühe 60 Minuten kochen. Die letzten 10 Minuten die Würste mitgaren, die Suppe mit Salz und Pfeffer abschmecken und das Kasseler wieder hinzufügen.

■ TIP

Wenig Zeit zum Kochen? Dann nehmen Sie statt des frischen Grünkohls 450 Gramm Tiefkühlware. Diese Suppe können Sie zusätzlich mit einigen kroß gebratenen Kartoffelwürfeln anreichern.

SÜSS-SAURE STECKRÜBENSUPPE

Für 4 Portionen

1 kg Fleischknochen
1 Bund Suppengrün
1 EL Salz
10 Pfefferkörner
2 Lorbeerblätter
750 g Steckrüben
250 g Möhren
2 EL Essig-Essenz (25 %)
½ TL Zucker
4 EL Crème fraîche
etwas Kerbel

1. Die Knochen gut abspülen und mit 1,5 Liter Wasser bedecken. Das Suppengrün putzen und grob würfeln, zusammen mit dem Salz und den Pfefferkörnern sowie den Lorbeerblättern zu den Knochen geben und 3 Stunden köcheln.
2. Die Brühe durch ein Sieb in einen neuen Topf gießen. Die Steckrüben schälen und würfeln. Die geschabten Möhren ebenfalls in kleine Würfel schneiden, und das Gemüse in der Brühe 40 Minuten garen.
3. Einige Gemüsewürfel als Suppeneinlage herausnehmen, das restliche Gemüse in der Brühe pürieren und mit der Essig-Essenz, dem Zucker und der Hälfte der Crème fraîche süß-sauer abschmecken.
4. Die Suppe in 4 Suppentassen anrichten, die Gemüsewürfel, die Crème fraîche und die Kerbelblättchen dazugeben.
(Foto Seite 33)

FRI-KOOG

FISCH

KRABBEN, AAL UND MEHR VOM MEER

LACHS MIT LACHSSPECK

Für 4 Portionen

600 g Lachsfilet mit Haut
2 EL gehackte Schalotten
3 EL Weißweinessig
1 TL Kräutersenf
4 EL Olivenöl
1 TL Salz
Pfeffer
125 g Feldsalat
3 EL Sonnenblumenöl
4 Scheiben von 1 unbehandelten Zitrone
Saft von 1 Zitrone
3 EL Butter
3 EL gehackte Petersilie

1. Von dem Lachs die Haut abziehen und in 1 Zentimeter große Stücke schneiden. Das graue Fleisch vom Lachsfilet abschneiden und anschließend den Fisch in 4 gleich große Stücke schneiden.
2. Die Schalottenwürfel mit dem Essig und dem Senf verrühren und das Öl darunterschlagen. Anschließend mit Salz und Pfeffer würzen und über den geputzten Feldsalat gießen. Den angemachten Salat auf 4 Tellern anrichten.
3. Das gewaschene Lachsfilet mit Salz und Pfeffer bestreuen und in dem Sonnenblumenöl etwa 3 Minuten auf jeder Seite braten, dann auf dem Salat anrichten.
4. Den Lachsspeck (die Hautstücke) im verbliebenen Fett knusprig braten und über den Feldsalat streuen. Nun die Zitronenscheiben auf beiden Seiten in dem Fett anbraten und beiseite legen.
5. Die Butter in der Pfanne leicht bräunen, den Zitronensaft und die Petersilie hinzufügen und die Sauce mit Salz und Pfeffer würzen. Anschließend über den Lachs gießen und mit den gebratenen Zitronenscheiben garnieren.

■ **TIP**

Salm ist ein anderer Name für den Lachs. Im Gegensatz zum Wildlachs, der teuer ist und selten angeboten wird, ist der gezüchtete Farmlachs heute für jedermann erschwinglich.

JUNGER DORSCH IN BIERTEIG

Für 4 Portionen

700 g Dorschfilet
(= Kabeljaufilet)
Saft von ½ Zitrone
Salz
150 g Mehl
200 ml helles Bier
1 TL frisch geriebener Ingwer
1 EL geschmolzenes Butterschmalz
Butterschmalz zum Ausbacken

1. Das Fischfilet waschen und mit Küchenpapier trockentupfen. Anschließend mit dem Zitronensaft beträufeln und salzen.
2. Nach 10 Minuten das Fischfilet in mittelgroße Stücke schneiden.
3. Aus dem Mehl, dem Bier, etwas Salz und Ingwer einen Teig rühren und zum Schluß das geschmolzene, aber nicht heiße Butterschmalz zugeben.
4. Die Fischstücke zuerst in Mehl wenden und dann in den Ausbackteig tauchen. Anschließend in reichlich heißem Butterschmalz ausbacken. Dazu paßt ein Salatteller.

■ **TIP**
Dorsch nennt man den aus der Ostsee stammenden jungen Kabeljau, wenn er bis zu 1 Kilo schwer ist. Meistens wird er dann am Stück zubereitet.

DORSCH MIT SENFSAUCE

Für 4 Portionen

4 Dorschkoteletts
Saft von ½ Zitrone
Salz
125 ml Weißwein
1 Lorbeerblatt
10 Pfefferkörner
1 Zwiebel
2 EL Butterschmalz
(z. B. Butaris)
125 g Crème double
1 Msp. Fleischextrakt
2–3 EL Dijon-Senf

1. Den Fisch unter kaltem Wasser waschen und mit Küchenpapier trockentupfen. Die Fischkoteletts mit Zitronensaft beträufeln und salzen.
2. ½ Liter Wasser und den Weißwein mit dem Lorbeerblatt und den Pfefferkörnern aufkochen. Den Fisch in die heiße, aber nicht kochende Flüssigkeit geben und etwa 20 Minuten ziehen lassen.
3. Für die Sauce zunächst die Zwiebel schälen und sehr fein hacken, dann das Butterschmalz erhitzen und die Zwiebelwürfel darin andünsten.
4. Nun die Crème double und den Fleischextrakt einrühren, die Sauce einmal aufkochen lassen und dann mit dem Senf abschmecken.
5. Die Senfsauce über den Fisch gießen und mit Salz- oder Pellkartoffeln servieren.
(Foto Seite 37)

FISCHKLÖSSCHEN AUF RAHMPORREE

Für 2 Portionen

1 Packung TK-Rahmporree
500 g Schellfisch
1 EL Zitronensaft
100 g Emmentaler
1 Ei
1 Eigelb
2 EL gemischte Kräuter
Salz
2 EL Semmelbrösel
2 Tomaten

1. Den Rahmporree auftauen lassen und nach Packungsvorschrift zubereiten.
2. Den Fisch von der Haut und den Gräten befreien. Es werden 300 Gramm reines Fischfilet benötigt. Den Fisch zunächst unter kaltem Wasser waschen und mit Küchenpapier trockentupfen.
3. Das Fischfilet anschließend auf einem feuchten Brett fein hacken und sofort mit dem Zitronensaft beträufeln.
4. Den Käse fein reiben und mit dem Ei, dem Eigelb, den Kräutern, Salz und Semmelbröseln zu dem gehackten Fisch geben.
5. Die Masse gut mischen und eventuell noch etwas Semmelbrösel dazugeben, falls der Teig zu weich sein sollte.
6. Mit zwei feuchten Eßlöffeln 4 Klöße formen und in siedendem Wasser 10 bis 15 Minuten ziehen lassen. In kochendem Wasser flockt das Eiweiß aus und die Klößchen werden hart.
7. Die Fischklößchen auf dem Rahmporree anrichten und mit den geviertelten Tomaten garnieren.
(Foto Seite 38)

FISCHSALAT

Für 4 Portionen

100 g Sahnejoghurt
50 g Delikateßmayonnaise
Saft von 1 Orange
1 EL Senf
350 g gekochter Schellfisch
1 Zwiebel, 1 Apfel
1 kleine Gewürzgurke
etwas Dill

1. Den Joghurt mit der Mayonnaise, dem Orangensaft und dem Senf in einer Schüssel glattrühren. Den gekochten Fisch darüberzupfen.
2. Die Zwiebel und den Apfel schälen und fein würfeln, ebenso die Gewürzgurke. Zum Fisch geben, mit gehackten Dillspitzen bestreuen und verrühren.

GEBRATENE FISCHSTREIFEN MIT STROHKARTOFFELN

Für 4 Portionen

500 g Seelachsfilet
2 EL Butterschmalz
Salz, Pfeffer
3 große Kartoffeln
4 EL Butterschmalz

1. Den Seelachs unter kaltem Wasser waschen und mit Küchenpapier trockentupfen. Anschließend in lange, dünne Streifen schneiden und in dem heißen Butterschmalz auf jeder Seite 3 Minuten braten. Dann mit Salz und Pfeffer würzen. Die Fischstreifen warm stellen.
2. Die Kartoffeln schälen, waschen und vierteln. Dann auf einer Reibe in sehr dünne Streifchen schneiden. Die Kartoffeln mit Küchenpapier trokkentupfen und in dem heißen Butterschmalz goldgelb und knusprig braten.
3. Die Kartoffeln mit Küchenpapier entfetten und mit Salz bestreuen.

■ TIP

Servieren Sie dazu eine Kräutermayonnaise aus 4 Eßlöffeln Mayonnaise, 4 Eßlöffeln gehackten Kräutern, 1 Teelöffel Senf, 2 Eßlöffeln Joghurt, Salz und Pfeffer.

PANNFISCH

Für 4 Portionen

750 g festkochende Kartoffeln
Salz
750 g Seelachsfilet
Saft von 1 Zitrone
1 Zwiebel
2 EL Sonnenblumenöl
1 kleine Salatgurke
4 EL saure Sahne
4 EL Kräutersenf
Pfeffer
1 Bund Dill, gehackt

1. Die Kartoffeln waschen und in Salzwasser 25 bis 30 Minuten garen. Abgießen und pellen.
2. Das Fischfilet unter kaltem Wasser waschen, mit Küchenpapier trockentupfen und mit dem Zitronensaft beträufeln. Anschließend mit Salz bestreuen und in mundgerechte Stücke schneiden.
3. Die geschälte Zwiebel würfeln, dann in dem heißen Sonnenblumenöl anschwitzen und die Fischstücke dazugeben. Etwa 5 Minuten von allen Seiten braten, herausnehmen.
4. Die abgekühlten Kartoffeln würfeln, in die Pfanne geben und knusprig braten.
5. Inzwischen die Gurke schälen, würfeln und zu den Kartoffeln geben. Alles gut 10 Minuten braten.
6. Die saure Sahne mit dem Senf verrühren und mit den Kartoffeln mischen. Nun den Fisch wieder dazugeben.
7. Den Pannfisch mit Salz und Pfeffer abschmecken und den Dill darüberstreuen.
(Foto Seite 39)

MANDELFORELLE

Für 4 Portionen

4 frische Forellen
(küchenfertig)
Saft von 1 Zitrone
Salz
Pfeffer
2 EL Mehl
4 EL Butterschmalz
80 g Butter
6 EL Mandelblättchen

1. Die Forellen innen und außen unter fließendem kaltem Wasser waschen und anschließend mit Küchenpapier trockentupfen.
2. Die Fische innen und außen mit dem Zitronensaft einreiben und anschließend mit Salz und Pfeffer kräftig würzen.
3. Die Forellen rundherum mit Mehl bestäuben und das überschüssige Mehl abklopfen.
4. Das Butterschmalz in einer großen Pfanne erhitzen und die Forellen auf jeder Seite etwa 5 Minuten goldbraun braten (in einer abgedeckten Pfanne garen die Fische gleichmäßiger).
5. Die gebratenen Forellen warm stellen.
6. Die Butter in der Pfanne kurz aufschäumen lassen und darin die Mandelblättchen goldgelb rösten. Zum Schluß über den Fischen verteilen.
7. Dazu schmecken in Butter geschwenkte Pellkartoffeln oder körniger Reis.

(Foto Seite 40: Mitte)

GRILLMAKRELE

Für 4 Portionen

4 Makrelen
(à 350 g, küchenfertig)
Saft von 1 Zitrone
Salz
Pfeffer
8–10 EL Olivenöl
2 EL Sherryessig
2 Fleischtomaten
etwas Basilikum

1. Die Makrelen innen und außen unter kaltem Wasser waschen und mit Küchenpapier trockentupfen.
Die Fische innen und außen mit Zitronensaft einreiben und mit Salz und Pfeffer würzen.
2. Jeden Fisch auf einer Seite mit einem scharfen Messer an den dicken Stellen in Abständen von 1 Zentimeter einschneiden.
3. Die Makrelen mit etwa 4 Eßlöffeln Öl bestreichen und unter dem heißen Grill auf jeder Seite bei nicht zu hoher Temperatur 10 Minuten garen.
4. Für die Sauce den Sherryessig mit etwas Salz und Pfeffer verrühren und das restliche Olivenöl darunterziehen .
5. Die Fleischtomaten enthäuten, vierteln, entkernen und fein würfeln.
6. Das gewaschene Basilikum in Streifen schneiden und mit den Tomatenwürfeln unter die Sauce mischen.

(Foto Seite 40: oben)

ZANDER MIT SPECK

Für 4 Portionen

4 Zanderfilets (à 200 g)
Saft von ½ Zitrone
Salz, Pfeffer
2 EL Mehl
3 EL Butterschmalz
8 Scheiben durchwachsener
Speck
2 EL Butter
etwas Kerbel

1. Die Fischfilets unter kaltem Wasser waschen und trockentupfen. Anschließend mit dem Zitronensaft beträufeln und auf beiden Seiten mit Salz und Pfeffer bestreuen.
2. Die Zanderfilets in Mehl wälzen und dabei das überschüssige Mehl abklopfen.
3. Das Butterschmalz in einer schweren Pfanne erhitzen und die Fischfilets darin auf jeder Seite etwa 5 Minuten goldbraun braten. Anschließend die Zanderfilets herausnehmen und warm stellen.
4. Die Speckscheiben in dem verbliebenen Fett knusprig braten und über die Zanderfilets legen.
5. Die Butter in der Pfanne erhitzen und über den Fisch gießen.
6. Die Zanderfilets mit den Speckscheiben und etwas Kerbel anrichten.

(Foto Seite 40: unten)

HECHTFILET AUF WACHSBOHNEN

Für 4 Portionen

1 kg Hechtfilet
Saft von ½ Zitrone
Salz
Pfeffer
2 Tomaten
16 kleine Streifen durchwachsener Speck
16 große Salbeiblätter
8 EL Butterschmalz
500 g Wachsbohnen
2 Zwiebeln
2 EL Butter
100 g saure Sahne
1 TL Bohnenkraut

1. Den Fisch unter kaltem Wasser waschen und mit Küchenpapier trockentupfen. Dann in 8 gleich große Stücke schneiden, mit dem Zitronensaft beträufeln und auf beiden Seiten kräftig mit Salz und Pfeffer würzen.
2. Die Tomaten enthäuten und entkernen, anschließend das Fruchtfleisch in 16 Streifen schneiden.
3. Jeweils einen Tomatenstreifen und einen Speckstreifen in ein Salbeiblatt wickeln.
4. Mit einem spitzen Messer in jedes Stückchen Filet zwei kleine Taschen schneiden und die umwickelten Speck- und Tomatenstreifen hineinlegen.
5. Das Butterschmalz in einer Pfanne erhitzen und das Hechtfilet darin auf jeder Seite 5 Minuten dünsten, dann warm stellen.
6. Die Wachsbohnen putzen und waschen. Die Zwiebeln schälen und sehr fein schneiden, anschließend in der Butter anschwitzen, die Wachsbohnen, die Sahne und das Bohnenkraut dazugeben und das Gemüse 15 Minuten köcheln lassen. Die Wachsbohnen auf 4 Tellern anrichten und mit den geschmorten Hechtfilets belegen.
Dazu passen Reis oder Salzkartoffeln.

■ **TIP**

Der Hecht fühlt sich in fließenden Gewässern und Seen zu Hause. Das Fleisch junger Hechte ist fettarm und wohlschmeckend. Hechte sind grätenreich.

ZITRONENZANDER

Für 2 Portionen

2 Zanderfilets (à 200 g)
Saft von ½ Zitrone
Salz, Pfeffer
100 g Mehl
1 Ei
100 g Semmelbrösel
½ TL abgeriebene Schale von 1 unbehandelten Zitrone
2 EL Zitronenmelisse, gehackt
4 EL Butterschmalz
2 unbehandelte Zitronen

1. Die Zanderfilets unter kaltem Wasser waschen und mit Küchenpapier trockentupfen. Anschließend mit Zitronensaft beträufeln, mit Salz und Pfeffer würzen und 10 Minuten ziehen lassen.
2. Das Mehl auf einen Teller schütten und das Ei in einem anderen Teller verschlagen. Nun die Zanderfilets zuerst in Mehl wälzen, dann durch das Ei ziehen und noch einmal in dem Mehl wenden.
3. Die Semmelbrösel mit der Zitronenschale und der feingehackten Zitronenmelisse mischen. Anschließend die Zanderfilets darin panieren.
4. Die Zanderfilets in dem heißen Butterschmalz auf jeder Seite 7 bis 10 Minuten backen.
5. Die Zitronen abwaschen und in dünne Scheiben schneiden. Anschließend mit den Zanderfilets anrichten.
(Foto Seite 43)

ÜBERBACKENES ZANDERFILET

Für 2 Portionen

1 Schalotte
1 EL Butter
100 g Champignons
2 Zanderfilets (à 200 g)
75 ml Weißwein
120 ml Fischfond (aus dem Glas)
Salz, Pfeffer
100 g süße Sahne
50 g geschlagene Sahne
2 Eigelb
1 EL Petersilie, gehackt

1. Die Schalotte schälen und sehr fein hacken. Anschließend in der heißen Butter anschwitzen. Die Champignons putzen und blättrig schneiden, zu den Schalottenwürfeln geben und 5 Minuten schmoren.
2. Die Zanderfilets unter kaltem Wasser waschen, mit Küchenpapier trockentupfen und über die Champignons legen.
3. Den Fisch mit Weißwein und Fischfond ablöschen und mit Salz und Pfeffer würzen, dann 5 Minuten dünsten.
4. Die Zanderfilets in eine feuerfeste Form geben und die Champignons darüberlegen.
5. Die flüssige Sahne in die Pfanne gießen und zur Hälfte einkochen, dann mit Salz und Pfeffer würzen. Die geschlagene Sahne und die Eigelbe mischen und mit der Petersilie unter die Sauce heben.
6. Diese Sauce über die Zanderfilets gießen und das Ganze im Backofen bei starker Oberhitze goldgelb und knusprig überbacken.

MARINIERTE MAKRELENFILETS

Für 4 Portionen
Marinierzeit: 1–2 Tage

4 Makrelenfilets (etwa 750 g)
4 EL Salz
2 rote Zwiebeln
20 weiße Pfefferkörner
1 Lorbeerblatt
10 EL Essig-Essenz (25%)
1–2 EL Zucker
½ gelbe Paprikaschote
½ grüne Paprikaschote
2 EL geriebener Ingwer
2 EL Zucker
4 EL Sojasauce

1. Die Fischfilets unter kaltem Wasser waschen und mit Küchenpapier trockentupfen. Anschließend auf beiden Seiten dick mit dem Salz bestreuen und über Nacht im Kühlschrank oder im Keller in einer abgedeckten Schüssel durchziehen lassen.
2. Am nächsten Tag das Salz von dem Fisch abspülen. Eventuelle Gräten mit einer Pinzette herausziehen.
3. Die Zwiebeln schälen und in dicke Scheiben schneiden. Anschließend mit ¾ Liter Wasser, den Pfefferkörnern, dem Lorbeerblatt, der Essig-Essenz und dem Zucker aufkochen lassen. Die halbierten Paprikaschoten putzen, waschen und in Streifen schneiden. Die Paprikastreifen zur Marinade geben und 10 Minuten brausend kochen lassen.
4. Die Marinade abgekühlt über die Makrelenfilets gießen, die Schüssel abdecken und wiederum im Kühlen 1 bis 2 Tage durchziehen lassen.
5. Für die Sauce den frisch geriebenen Ingwer mit dem Zucker und der Sojasauce verrühren und zu den marinierten Makrelenfilets reichen.
(Foto Seite 44)

■ **TIP**
Servieren Sie dazu geriebenen weißen Rettich, geraspelte Möhren und Butterbrot.

HERINGE IM SPECKMANTEL

Für 4 Portionen

4 grüne Heringe,
(à 200 g, küchenfertig)
Saft von ½ Zitrone
Salz, Pfeffer
2 EL geriebener Meerrettich
einige Stiele Petersilie
100 g durchwachsene Speckscheiben
400 g Tomaten
2 rote Zwiebeln
2 EL Olivenöl

1. Die Heringe schuppen und ausnehmen, falls dies Ihr Fischhändler nicht übernommen hat. Anschließend die Köpfe, Schwänze und Flossen abschneiden und die Fische unter fließendem Wasser waschen und mit Küchenpapier trockentupfen. Danach die Heringe ganz aufschneiden, auseinanderklappen und die Mittelgräten entfernen. Die Heringe innen und außen mit Zitronensaft einreiben und von allen Seiten mit Salz und Pfeffer bestreuen.

2. Die Innenseite der Heringe dünn mit Meerrettich bestreichen und 1 oder 2 Zweige Petersilie darauflegen.

3. Die Heringe zusammenklappen und mit den Speckscheiben umwickeln. Anschließend mit einem Holzspießchen feststecken.

4. Die Heringe unter dem Grill oder in einer fettfreien Pfanne etwa 10 Minuten garen.

5. Die Tomaten enthäuten, vierteln, entkernen und kleinwürfeln. Die Zwiebeln schälen und ebenfalls in kleine Würfel schneiden.

6. Das Olivenöl in einem kleinen Topf erhitzen und die Zwiebeln darin weich schmoren. Anschließend die Tomatenwürfel dazugeben und das Gemüse mit Salz und Pfeffer würzen. Die Tomatensauce zu den Heringen im Speckmantel reichen.

■ **TIP**

Versuchen Sie die Zubereitungen auf dieser Doppelseite auch einmal mit küchenfertigen Forellen.

GRÜNE HERINGE VOM GRILL

Für 4 Portionen

4 grüne Heringe
Saft von ½ Zitrone
Salz, Pfeffer
1 Apfel
2 Zwiebeln
10 Blätter Basilikum
5 EL Öl
2 EL Mehl

1. Die Fische schuppen und ausnehmen, falls dies Ihr Fischhändler nicht übernommen hat.

2. Die Fische vorsichtig auseinanderdrücken und die Mittelgräte entfernen. Anschließend die Heringe unter kaltem Wasser waschen und mit Küchenpapier trockentupfen, dann auf jeder Seite mit Zitronensaft beträufeln und beidseitig mit Salz und Pfeffer bestreuen.

3. Den Apfel schälen, das Kerngehäuse entfernen und den Apfel in sehr feine Würfel schneiden. Die geschälten Zwiebeln ebenfalls sehr fein würfeln und mit dem gehackten Basilikum, etwas Salz und Pfeffer mischen. Die Heringe damit füllen.

4. Die Fische mit Holzspießchen verschließen und beidseitig mit Öl bestreichen, dann mit etwas Mehl bestreuen und in einer Pfanne oder unter dem heißen Grill 10 Minuten garen.

5. Dazu schmeckt ein Kartoffelsalat mit Fleischbrühe und Speckwürfeln.

(Foto Seite 45)

BRATHERINGE AUF KARTOFFELSALAT

Für 4 Portionen
Marinierzeit 12 Stunden

700 g gekochte Pellkartoffeln vom Vortag
6 EL Öl
3 EL Essig
1 Eigelb
Salz, Pfeffer
etwas Friséesalat
2 Scheiben Toastbrot
2 EL Butter
8 grüne Heringe
Saft von 1 Zitrone
2 EL Mehl, 80 g Öl
375 ml Weißweinessig
2 Zwiebeln
2 Lorbeerblätter
1 TL Senfkörner
1 TL Zucker

1. Die geschälten Kartoffeln in dünne Scheiben schneiden und in eine Schüssel legen. Für die Sauce das Öl mit dem Essig, dem Eigelb, Salz und Pfeffer verrühren und die Kartoffelscheiben damit mischen.
2. Den Friséesalat waschen, trockenschleudern und auf 4 Tellern anrichten. Darüber den Kartoffelsalat legen.
3. Das Brot fein würfeln und in der heißen Butter knusprig braten. Zum Schluß über den Kartoffelsalat streuen.
4. Die Heringe schuppen und ausnehmen, falls diese Arbeit nicht Ihr Fischhändler übernommen hat. Anschließend Köpfe, Schwänze und Flossen abschneiden. Die Fische aufklappen und die Mittelgräte entfernen. Die Heringe halbieren, unter kaltem Wasser waschen und mit Küchenpapier trockentupfen. Anschließend mit Zitronensaft beträufeln und mit Salz und Mehl bestreuen.
5. Das Öl nach und nach in einer Pfanne erhitzen und die halbierten Heringe auf jeder Seite 3 Minuten braten, anschließend abkühlen lassen.
6. Für die Marinade 375 Milliliter Wasser mit dem Essig aufkochen. Dann die geschälten und in Ringe geschnittenen Zwiebeln, die Lorbeerblätter, Senfkörner und den Zucker dazugeben. Die Marinade abkühlen lassen und lauwarm über die gebratenen Heringe gießen.
7. Die gebratenen Heringe in der Marinade abgedeckt im Kühlschrank 12 Stunden ziehen lassen. Anschließend gut abgetropft auf dem Kartoffelsalat anrichten.

GEBRATENE STINTE IN KRÄUTERBUTTER

Für 4 Portionen

2 EL Olivenöl
2 EL flüssige Butter
3 EL gemischte Kräuter, gehackt
½ TL Salz, Pfeffer
32 Stinte
Saft von 1 Zitrone
2 EL Mehl
6 EL Butterschmalz

1. Das Öl mit der Butter, den Kräutern sowie Salz und Pfeffer mischen.
2. Die Stinte schuppen und ausnehmen, anschließend die Stinte unter kaltem Wasser waschen und mit Küchenpapier trockentupfen. Die Fischlein mit Zitronensaft beträufeln und mit der Kräuterbutter bestreichen, dann in Mehl wälzen und in dem heißen Butterschmalz auf beiden Seiten etwa 5 Minuten braten.
(Foto Seite 47)

STINTE IN SALZKRUSTE

Für 4 Portionen

32 Stinte, küchenfertig
Saft von 1 Zitrone
1 EL Worcestersauce
Salz, Pfeffer
1 Bund Dill
4 Eiweiß
1 Knoblauchzehe, gehackt
100 g Mehl
1,5 kg Salz

1. Die Stinte waschen und trockentupfen. Den Zitronensaft mit der Worcestersauce, Salz und Pfeffer verrühren und die Stinte damit rundherum einreiben. In jeden Fischbauch einen kleinen Stiel Dill legen.
2. Die Eiweiße sehr steif schlagen, dann den Knoblauch, das Mehl und das Salz vorsichtig unter den Eischnee heben.
3. Ein Backblech mit dicker Alufolie belegen und die Hälfte des Salzteigs daraufstreichen, die Stinte darauflegen und mit dem restlichen Teig abdecken.
4. Die Stinte in der Salzkruste im vorgeheizten Backofen bei 240 Grad (Gas Stufe 5) 40 Minuten backen. Die Salzkruste vorsichtig aufschlagen und die gegarten Fische mit brauner Butter und knusprigen Bratkartoffeln servieren.

FISCHFILETS AUF WEINKRAUT

Für 4 Portionen

800 g Fischfilets (Scholle, Lachs, Seezunge u.a.)
4 gekochte, ausgelöste Riesengarnelen
Salz, Pfeffer
1 Zwiebel
4 EL Butter
500 g Faßsauerkraut
3 Wacholderbeeren
⅛ l Rieslingwein
125 g süße Sahne
2 Möhren
2 EL Butter
6 EL Instantbrühe
etwas Estragon

1. Die Fischfilets waschen und trockentupfen, anschließend in nicht zu kleine Stücke schneiden. Die Fischfilets und die Riesengarnelen mit Salz und Pfeffer bestreuen.
2. Die Zwiebel schälen und sehr fein hacken, dann in der Butter anschwitzen. Das Sauerkraut, die zerdrückten Wacholderbeeren und den Rieslingwein dazugeben. Das Sauerkraut 20 Minuten köcheln lassen, dann die süße Sahne dazugießen. Das Sauerkraut mit Salz und Pfeffer würzen und in eine Auflaufform schichten.
3. Die gewürzten Fischfilets und die Riesengarnelen auf das Sauerkraut legen und im vorgeheizten Ofen (180 Grad, Gas Stufe 2) 10 Minuten offen garen. Inzwischen die Möhren schälen und in sehr feine Stifte schneiden. Anschließend die Butter mit der Instantbrühe mischen und die Möhrenstreifen darin bißfest garen.
4. Das Sauerkraut auf 4 Tellern anrichten, mit den Fischfilets und den Riesengarnelen belegen und zum Schluß mit den Möhrenstreifen und einigen Estragonblättchen garnieren. Dazu schmecken in Butter geschwenkte Pellkartoffeln.
(Foto Seite 48)

KARTOFFELGULASCH MIT SEEFISCH

Für 4 Portionen

400 g festkochende Kartoffeln
1 Zwiebel
3 EL Butter
1 Glas Weißwein
¾ l Gemüsebrühe
1 Lorbeerblatt
4 Gewürznelken
4 Wacholderbeeren
10 Pfefferkörner
1 Salatgurke
250 g Lachsfilet
250 g Seelachs
Saft von 1 Zitrone
100 g süße Sahne
Salz, Pfeffer
1 Bund Dill

1. Die Kartoffeln waschen, schälen und anschließend in kleine Würfel schneiden. Die Zwiebel ebenfalls schälen und sehr fein hacken.
2. Die Butter in einem Topf erhitzen und die Zwiebelwürfel darin glasig dünsten. Dann die Kartoffelwürfel dazugeben und kurz mitdünsten.
3. Nun den Weißwein und die Gemüsebrühe dazugeben. Alles mit dem Lorbeerblatt, den Nelken, den Wacholderbeeren und den Pfefferkörnern würzen und bei mäßiger Hitze 15 Minuten köcheln lassen.
4. Die Salatgurke schälen, halbieren, mit einem Teelöffel die Kerne herausschaben, dann die Gurke fein würfeln. Ebenfalls zu den Kartoffeln geben und weitere 10 Minuten mitköcheln lassen.
5. Die Fischfilets unter kaltem Wasser waschen, abtupfen und mit dem Zitronensaft beträufeln. Nach 10 Minuten werden die Fischfilets in mundgerechte Stücke geschnitten und zu dem Gemüse gegeben. Nach 10 Minuten die Sahne hinzufügen, noch einmal alles kurz aufkochen lassen und mit Salz und Pfeffer abschmecken. Vor dem Servieren mit dem gehackten Dill bestreuen.

■ TIP

Für die Fischgerichte auf dieser Seite eignen sich auch Filets von schwarzem oder weißem Heilbutt, Steinbutt, Rotbarsch, Kabeljau (Dorsch), Schellfisch, Makrele und Knurrhahn.

MUSCHELTELLER

Für 4 Portionen

2 kg Miesmuscheln
1 Bund Suppengrün
2 Zwiebeln
4 Lorbeerblätter
20 Pfefferkörner
1 EL Senfkörner
4 Gewürznelken
1 TL Salz
½ l Weißwein
1 Eigelb
125 g süße Sahne
1 Bund Dill

1. Die Muscheln unter fließendem Wasser abbürsten und die Bärte mit einem Messer herausziehen. Geöffnete Muscheln wegwerfen, sie sind verdorben.
2. 1 Liter Wasser in einen großen Topf gießen. Das Suppengrün putzen, waschen und grob würfeln, ebenso die geschälten Zwiebeln. Beides zusammen mit den Gewürzen, Salz und dem Wein in den Topf geben und erhitzen.
3. Nun die Muscheln hinzufügen und im geschlossenen Topf bei großer Hitze etwa 5 Minuten garen, dabei den Topf ab und zu schütteln.
4. Die Muscheln aus dem Topf herausnehmen und warm stellen. Den Fond durch ein Sieb in einen anderen Topf gießen. Geschlossene Muscheln wegwerfen, sie sind verdorben. Den Muschelfond bei großer Hitze etwa 5 Minuten sprudelnd kochen. Das Eigelb mit der Sahne und mit dem gehackten Dill verrühren und in den Fond gießen.
5. Die Muscheln auf 4 Tellern anrichten und mit der Sauce übergießen, nach Belieben kann die Sauce auch getrennt gereicht werden.
Dazu schmeckt Roggenbrot mit Butter bestrichen.

■ **TIP**

Zünftige Muschelesser brauchen kein Besteck, sie greifen zwischen Daumen und Zeigefinger eine zusammenhängende Muschelschale und picken damit wie mit einer Zange das Muschelfleisch aus den schillernden Schalen.

PORRENPANN

Für 4 Portionen

60 g Butter
3 EL Mehl
1 TL Fleischextrakt
450 ml Milch
100 ml Weißwein
Salz, Pfeffer
1 EL Zucker
3 EL Zitronensaft
125 g süße Sahne
500 g gepulte Nordseekrabben (Porren)
1 Bund Petersilie

1. Die Butter in einem Topf erhitzen, aber nicht braun werden lassen. Anschließend das Mehl einrühren und den Fleischextrakt dazugeben. Nach und nach die heiße Milch in die Einbrenne gießen und kräftig rühren, damit sich keine Klümpchen bilden.
2. Nun den Weißwein dazugießen und alles 10 Minuten köcheln lassen. Die Sauce mit Salz, Pfeffer, Zucker und Zitronensaft würzen. Zum Schluß die Sahne unterrühren und das frische Nordseekrabbenfleisch dazugeben. Die Krabben dürfen nun nicht mehr in der Sauce kochen, sonst werden sie hart.
3. Die Petersilie waschen und fein hacken und vor dem Servieren über die Porrenpann streuen.
Dazu schmecken kleine Pellkartoffeln oder Butterreis und Salat.

■ TIP

Obwohl sie zoologisch gesehen eine Garnele ist, nennt man sie Nordseekrabbe, an der Küste sagt man auch Granat oder Porren. Diese feinen Tierchen werden von Kuttern mit Netzen gefangen. Wer geschickt ist, pult seine Krabben selber aus. Für ungefähr 400 Gramm Krabbenfleisch benötigt man 1 Kilogramm Krabben. Krabbenpulen ist gar nicht so schwer: Man greift mit einer Hand den Kopf und mit der anderen den Schwanz, nach einer leichten Streckung wird der Schwanz leicht gedreht, Panzer abziehen, wegwerfen und das Krabbenfleisch aus dem Vorderteil ziehen.

GEBRATENER AAL IN PETERSILIENSAUCE

Für 4 Portionen

1 kg grüner Aal
Saft von ½ Zitrone
Salz
Pfeffer
2 EL Mehl
5 EL Olivenöl
1 Zwiebel
3 EL Butter
4 EL weißer Wermut
6 EL Instantbrühe
200 g süße Sahne
2 Bund Petersilie

1. Den grünen Aal häuten und sorgfältig ausnehmen, falls dies noch nicht Ihr Fischhändler übernommen hat, und in gleich große Stücke schneiden. Die Aalstücke anschließend mit Zitronensaft beträufeln und mit Salz und Pfeffer würzen, dann mit Mehl bestäuben und in dem erhitzten Öl etwa 10 bis 12 Minuten braten. Den Aal warm halten.
2. Die Zwiebel schälen und sehr fein hacken, anschließend in der heißen Butter weich dünsten, den Wermut und die Brühe dazugeben und dann 3 Minuten leise köcheln lassen.
3. Nun die Sahne dazugießen und noch weitere 5 Minuten einkochen lassen. Die Sauce mit Salz und Pfeffer pikant abschmecken.
4. Die Petersilie waschen und gut abtropfen lassen. Anschließend die Blättchen von den Stielen zupfen und sehr fein hacken.
5. Die Petersilie mit der Sauce mischen und pürieren, anschließend durch ein Sieb streichen und nochmals erwärmen und mit dem Pürierstab schaumig aufschlagen. Die gebratenen Aalstücke auf 4 Tellern anrichten und mit der Petersiliensauce begießen. Dazu schmecken Salzkartoffeln oder Butternudeln.

■ **TIP**

Aale werden nicht gezüchtet, sondern gemästet. Als Glasaale werden sie in großen Mengen gefangen, in Becken gesetzt und mit Trockenfutter bis zur Marktreife ernährt. Der geräucherte Ostsee-Aal gilt als echte Spitzenqualität.

AALSUPPE

Für 6 Portionen

1 Schinkenknochen
2 l Fleischbrühe
200 g Sellerie
200 g Möhren
200 g Porree
200 g TK-Erbsen
300 g gemischtes Backobst
600 g grüner Aal
⅛ l Weißwein
4 EL Essig
Salz
Zucker
½ Tasse Aalkraut (Bohnenkraut, Petersilie, Dill, Borretsch, Basilikum)

für die Klößchen:

⅛ l Wasser
35 g Butter
Salz
65 g Mehl
1 großes Ei
Muskatnuß

1. Den Schinkenknochen mit lauwarmem Wasser abspülen und in einem großen Topf mit der Fleischbrühe übergießen. Anschließend 30 Minuten köcheln lassen.
2. Das Gemüse putzen, schälen und kleinschneiden, zusammen mit den Erbsen und dem eingeweichten Backobst zur Brühe geben und 60 Minuten köcheln lassen.
3. Die Aale abziehen, ausnehmen und in kleine Stücke schneiden. Den Weißwein mit dem Essig, Salz, Zucker und den gehackten Kräutern erhitzen und die Aalstücke darin bei milder Hitze 10 Minuten köcheln lassen.
4. Für die Klößchen das Wasser mit der Butter erhitzen, das Salz und das Mehl dazugeben und so lange erhitzen, bis sich auf dem Boden ein heller Belag gebildet hat. Den Teig sofort in eine frische Schüssel umfüllen und mit dem Ei und etwas geriebener Muskatnuß mischen.
5. Den Schinkenknochen aus der Suppe nehmen, das Fleisch abschneiden und anschließend wieder zur Suppe zurücklegen. Dann die Aalstücke mit dem Sud zur Suppe geben und das Hamburger Nationalgericht süß-sauer abschmecken.
6. Mit einem Teelöffel von der Teigmasse Klößchen abstechen und in der heißen Suppe garen.

■ TIP

Statt Schinkenknochen können Sie für die Hamburger Aalsuppe auch 500 Gramm Rauchfleisch oder geräucherte Rippchen verwenden.
Wie der Lachs (Salm) ist auch der Aal ein Wanderfisch. Alle Aale werden in dem Sargasso-Meer an der amerikanischen Küste geboren. Als junge Tiere (Glasaale) machen sich viele von dort auf den langen Weg nach Europa, wo sie die Flüsse hinaufziehen. Sobald sie groß und kräftig sind, ändern sie ihre Farbe von Braun zu Silber (Blankaal) und wandern zurück in ihr Geburtsmeer, um dort zu laichen.

RÄUCHERAAL-SPIESSCHEN AUF ROTEN LINSEN

Für 4 Portionen

200 g rote Linsen
Salz
1 Stange Porree
2 Zwiebeln
4 EL Öl
4 EL Weißweinessig
Pfeffer, Zucker
4 dünne Scheiben Katenschinken
200 g Räucheraal
etwas Salbei

1. Die Linsen in Salzwasser geben und etwa 10 Minuten garen.

2. Den Porree putzen, waschen und in Ringe schneiden. Die Zwiebeln schälen und sehr fein hacken.

3. Das Öl erhitzen und den Porree und die Zwiebeln darin 3 Minuten andünsten, aber nicht bräunen.

4. Die Linsen abgießen und dazugeben. Alles mit Salz, Weißweinessig, Pfeffer und Zucker feinwürzig abschmecken.

5. Den Katenschinken längs halbieren. Den Aal in 3 Zentimeter große Stücke schneiden, Haut und Mittelgräte entfernen. Die Aalstücke in etwas Katenschinken aufrollen und abwechselnd mit Salbeiblättern auf Schaschlikspieße stecken. Die Aalspieße auf dem Linsensalat anrichten.

(Foto Seite 54)

AAL MIT RHABARBER

Für 6 Portionen

2 kg grüner Aal
Salz
1 TL Pfefferkörner
1 Lorbeerblatt
1 Gewürznelke
1 Zwiebel
2 EL Weißweinessig
1 kg Rhabarber
1½ l schwarzer Johannisbeersaft
250 g Zucker

1. Die ausgenommenen Aale gründlich unter kaltem Wasser waschen und den Schleim der Haut mit Salz abreiben. Anschließend die Aale noch einmal unter kaltem Wasser abspülen und in 10 Zentimeter lange Stücke schneiden.

2. 1 Liter Wasser mit 1 Eßlöffel Salz, den Gewürzen, der geschälten und gewürfelten Zwiebel und dem Essig zum Kochen bringen. Darin die Aalstücke 30 Minuten sieden, aber nicht kochen lassen.

3. Den Rhabarber putzen, waschen und in 2 Zentimeter lange Stücke schneiden.

4. Den Johannisbeersaft zum Kochen bringen und die Rhabarberstücke darin 10 Minuten garen. Anschließend den Zucker dazugeben und so lange rühren, bis er sich aufgelöst hat. Den Aal auf dem abgetropften Rhabarber anrichten. Dazu Salzkartoffeln reichen.

MATJES MIT BUTTERKARTOFFELN UND SPECKBOHNEN

Für 4 Portionen

800 g festkochende Kartoffeln
Salz
50 g Butter
750 g grüne Bohnen
125 g durchwachsener Speck
8 Matjesfilets
1 Bund Petersilie

1. Die Kartoffeln gründlich waschen und 25 bis 30 Minuten garen, abgießen, pellen und in der heißen, leicht gebräunten Butter schwenken. Anschließend mit Salz würzen.
2. Die Bohnen putzen, waschen und in leicht gesalzenem Wasser 15 Minuten garen, anschließend abgießen.
3. Den durchwachsenen Speck sehr fein würfeln und in einer Pfanne knusprig braten. Den Speck mit dem Fett und den Bohnen mischen.
4. Pellkartoffeln und Bohnen auf 4 Tellern anrichten. Jeweils 2 Matjesfilets dazugeben und alles mit gehackter Petersilie bestreuen.

■ **TIP**
Matjes ist ein jungfräulicher Hering. In Holland sagte man früher Maagdekens haring = Mädchenhering. Daraus entwickelte sich die Kurzform Matjes.

MATJES IN SAHNESAUCE MIT OFENKARTOFFELN

Für 4 Portionen

6 Matjesfilets
1 Zwiebel
1 Apfel
1 saure Gurke
250 g saure Sahne
4 cl Bommerlunder
1 Bund Dill
4 große Kartoffeln
etwas Öl

1. Die Matjes unter kaltem Wasser abspülen, trockentupfen und fein würfeln.
2. Die Zwiebel und den Apfel schälen und sehr fein würfeln, ebenso die saure Gurke. Diese Würfel mit der Sahne mischen und mit dem Bommerlunder würzen .
3. Den Dill waschen, trockenschleudern und sehr fein hacken. Zum Schluß unter die Sahnesauce rühren. Die Matjeswürfel dazugeben. Die Sauce im Kühlschrank 30 Minuten durchziehen lassen.
4. Die gewaschenen Kartoffeln rundherum mit etwas Öl bestreichen, in Alufolie wickeln und je nach Größe 40 bis 50 Minuten im Backofen bei 220 Grad (Gas Stufe 4) garen. Die Kartoffeln in der Folie halbieren und mit der Matjessahne anrichten.

(Foto Seite 55)

KIELER SPROTTEN MIT GEMÜSEFLAN

Für 4 Portionen

200 g Steckrüben
100 g Möhren
3 Eier, Salz, Pfeffer
125 g süße Sahne
2 EL Schnittlauchröllchen
1 Zwiebel, 2 EL Butter
⅛ l Instantbrühe
2 EL Senf, 1 Prise Zucker
50 g Butter
4 EL geschlagene Sahne
16 Kieler Sprotten
4 EL Butter, 2 Tomaten

1. Die Steckrüben und die Möhren schälen, würfeln und in wenig Wasser sehr weich kochen. Anschließend das Gemüse abgießen, leicht abkühlen lassen und mit den Eiern, Salz und Pfeffer sowie der süßen Sahne und den Schnittlauchröllchen pürieren. 4 Förmchen leicht mit Butter einfetten und die Masse einfüllen. Den Gemüseflan etwa 35 Minuten im Wasserbad bei 160 Grad (Gas Stufe 1) im Backofen garen.

2. Die Zwiebel schälen und sehr fein würfeln. Anschließend in der Butter weich schmoren und mit der Brühe ablöschen. Dann den Senf, den Zucker und die Butter dazugeben. Zum Schluß die Sahne unterheben.

3. Von den Kieler Sprotten die Köpfe abtrennen, die Fische anschließend auf beiden Seiten mit Butter bestreichen und dann im Backofen oder in einer Pfanne bei geringer Hitze erwärmen.

4. Die Tomaten enthäuten und entkernen, anschließend das Tomatenfleisch kleinwürfeln.

5. Die Sauce auf 4 Teller verteilen, den Gemüseflan in die Mitte stürzen und die Sprotten auf die Teller legen. Anschließend mit den Tomatenwürfeln bestreuen.

HEILBUTTSCHNITTEN MIT SARDELLEN-BUTTER

Für 4 Portionen

125 g weiche Butter
2 EL Sardellenpaste
oder 3 Sardellenfilets
1 EL eingelegte Pfefferkörner
4 Scheiben weißer Heilbutt
(à 200 g)
Saft von ½ Zitrone
Salz, Pfeffer,
4 EL Butterschmalz
Thymian
Rosmarin

1. Die weiche Butter in einem Gefäß schaumig rühren und die Sardellenpaste dazugeben. Die Masse gut mischen und in einen Spritzbeutel mit Sterntülle füllen.

2. Kleine Butterrosetten auf einen Teller spritzen und im Kühlschrank festwerden lassen. Danach mit einigen Pfefferkörnern bestreuen.

3. Den Heilbutt unter kaltem Wasser waschen und mit Küchenpapier trockentupfen. Anschließend auf beiden Seiten mit Zitronensaft einreiben und mit Salz und Pfeffer würzen.

4. Die Heilbuttschnitten in dem heißen Butterschmalz auf beiden Seiten ungefähr 10 Minuten braten. Anschließend die gewaschenen und getrockneten Kräuter in die Pfanne geben und kurz mitschmoren. Die Heilbuttschnitten mit der Sardellenbutter anrichten. Dazu gebutterte Pellkartoffeln und Spinat reichen.

■ TIP

Der weiße Heilbutt zählt zu den größten Plattfischen. Er kann bis zu 4 Meter lang und 300 Kilogramm schwer werden. Das Fanggebiet dieses Edelfisches liegt in der Nordsee und reicht bis zur Barentssee, Island, Grönland und Neufundland.

GEBRATENE SEEZUNGEN

Für 2 Portionen

2 Seezungen (à 500 g)
Salz, Pfeffer
2 EL Mehl
3 EL Butterschmalz
4 EL Butter
2 EL gehackte Petersilie
1 Zitrone

1. Von den Seezungen die Köpfe und die Flossensäume abschneiden. Anschließend die Seezungen unter kaltem Wasser waschen und mit Küchenpapier trockentupfen. Danach mit Salz und Pfeffer würzen.
2. Die Seezungen auf beiden Seiten mit Mehl bestäuben und das überschüssige Mehl abschütteln.
3. Das Butterschmalz in zwei großen Pfannen erhitzen und die Seezungen auf jeder Seite etwa 5 Minuten braten.
4. Die Seezungen warm halten. Die Butter in einer der Pfannen leicht bräunen, die Petersilie hinzufügen und die Buttersauce über die Seezungen gießen. Die Zitrone waschen, achteln und zusammen mit den Seezungen anrichten. Dazu schmecken in Butter geschwenkte Pellkartoffeln.
(Foto Seite 58)

■ TIP
Seezunge und Steinbutt gehören zu den begehrtesten Edelfischen. Der fast kreisrunde Steinbutt wird selten im Handel angeboten. Beide kommen in Nord- und Ostsee vor.

STEINBUTT IN SAHNESAUCE

Für 2 Portionen

500 g Steinbutt, küchenfertig
Saft von ½ Zitrone
Salz, Pfeffer
4 EL Butterschmalz
100 g Champignons
1 Zwiebel
80 ml Weißwein
125 g süße Sahne
3 EL Dill

1. Den Fisch unter kaltem Wasser abspülen und mit Küchenpapier trockentupfen. Anschließend die feinen Gräten mit einer Pinzette entfernen und den Steinbutt in 2 Portionen teilen. Dann mit Salz und Pfeffer würzen.
2. Das Butterschmalz in einer Pfanne erhitzen und den Fisch darin 10 Minuten garen. Anschließend warm stellen.
3. Die Champignons putzen, kurz waschen, trockentupfen und blättrig schneiden. Die Zwiebel schälen und sehr fein würfeln. Beides in die Pfanne mit dem Fett geben und 5 Minuten unter Wenden schmoren, anschließend mit dem Weißwein ablöschen und die Sahne dazugeben. Alles etwa 5 Minuten aufbrausend kochen lassen. Die Sauce mit Salz und Pfeffer und dem gehackten Dill würzen.
4. Den Steinbutt mit der Sahnesauce anrichten.

FINKENWERDER EWERSCHOLLE

Für 4 Portionen

250 g durchwachsener Speck
8 EL Butter
1 Zwiebel
150 g Champignons
Salz, Pfeffer
4 frische Schollen
Saft von ½ Zitrone
4 EL Mehl
4 EL Butterschmalz
4 EL gehackte Petersilie

1. Den Speck sehr fein würfeln und in der heißen Butter knusprig braten. Anschließend herausnehmen. Die Zwiebel schälen und sehr fein würfeln, die geputzten Champignons je nach Größe halbieren oder vierteln. Beides in dem verbliebenen Fett weich schmoren und mit den Speckwürfeln mischen.

2. Von den Schollen den Kopf und die Flossenränder abschneiden, falls dies nicht Ihr Fischhändler übernommen hat. Die Schollen innen und außen unter kaltem Wasser waschen und anschließend mit Küchenpapier trockentupfen. Die Fische mit Zitronensaft beträufeln und mit Salz und Pfeffer würzen. Anschließend beidseitig mit dem Mehl bestreuen.

3. Das Butterschmalz erhitzen und die Schollen darin nacheinander etwa 10 Minuten braten. Vor dem Servieren die Speck-Champignon-Masse noch einmal erhitzen und über die Schollen geben. Dazu schmecken mit Petersilie und Dill bestreute Salzkartoffeln.

FLEISCH

ES MUSS NICHT IMMER LABSKAUS SEIN

STECKRÜBEN MIT GÄNSEKEULEN

Für 6 Portionen

4 gepökelte Gänsekeulen
1,5 kg Steckrüben
500 g Kartoffeln
Salz
Pfeffer
Zucker
½ l Fleischbrühe
3 Möhren
3 Petersilienwurzeln
1 Bund glatte Petersilie
2 Stangen Porree

1. Einen großen Schmortopf erhitzen und die Gänsekeulen darin im eigenen Fett langsam auf beiden Seiten anbraten.
2. Die Steckrüben und die Kartoffeln schälen und in etwa 2 Zentimeter große Würfel schneiden.
3. Die Keulen aus dem Topf nehmen, Steckrüben- und Kartoffelwürfel dazugeben, mit Salz, Pfeffer und Zucker würzen und die Brühe dazugießen. Die Gänsekeulen auf das Gemüse legen. Den Topf abdecken und den Inhalt 45 Minuten köcheln lassen.
4. Die Möhren und die Petersilienwurzeln schälen und in Scheiben schneiden. Die Petersilie von den Stielen zupfen. Den Porree putzen und in dünne Scheiben schneiden.
5. Nach 45 Minuten das Gemüse und die Petersilie zu den Steckrüben geben. Eventuell noch etwas Wasser angießen und weitere 30 Minuten garen.
6. Die Gänsekeulen herausnehmen, häuten und von den Knochen lösen. Anschließend in große Stücke schneiden und wieder unter den Eintopf mischen.

EINGELEGTE GÄNSEKEULEN MIT BRATKARTOFFELN

Für 4 Portionen
Vorbereitungszeit: 24 Stunden

¼ l Weißweinessig
2 Lorbeerblätter
2 Gewürznelken
10 Pfefferkörner
1 EL Senfkörner
2 EL Zucker
1 EL Salz
1 Zwiebel
4 Gänsekeulen
9 Blätter weiße Gelatine
3 EL Zucker
800 g festkochende Kartoffeln, gegart

1. 1 Liter Wasser in einem großen Topf mit dem Essig, den Lorbeerblättern, den Gewürznelken, den Pfeffer- und Senfkörnern sowie Zucker, Salz und der in feine Würfel geschnittenen Zwiebel zum Kochen bringen.
2. Die Gänsekeulen unter kaltem Wasser waschen und trockentupfen. Anschließend in der kochenden Brühe 90 bis 100 Minuten garen, bis das Gänsefleisch weich geworden ist.
3. Die Gänsekeulen in eine große Schüssel oder 4 kleine Schüsseln legen.
4. Den Fond 10 Minuten sprudelnd kochen lassen.
5. Die Gelatine 10 Minuten in kaltem Wasser einweichen. Den Fond durch ein Sieb in einen neuen Topf gießen. Die Gelatine ausdrücken und in der heißen, aber nicht mehr kochenden Brühe auflösen. Die Brühe über die Gänsekeulen gießen und 24 Stunden im Kühlschrank oder im Keller durchziehen lassen.
6. Das festgewordene Fett auf den eingelegten Gänsekeulen abheben und in einer großen Pfanne erhitzen. Den Zucker darin leicht karamelisieren lassen. Nun die Gänsekeulen mit Küchenkrepp abtupfen und in der heißen Karamelmasse bei milder Hitze knusprig braten. Nach und nach etwas erstarrten Fond dazugeben.
7. Die Sauce vor dem Servieren mit Essig und Zucker süß-sauer abschmecken.
8. Für die Bratkartoffeln werden die Kartoffeln gewürfelt und in Gänsefett knusprig gebraten, anschließend mit Salz und Pfeffer gewürzt.

■ **TIP**

In Norddeutschland hat man Gänse zum Fressen gern. Dieses Gericht heißt in der Landessprache „Gooskküül söötsuur", auf deutsch: Gänsekeulen süß-sauer.

GÄNSEBRATEN MIT ROTKOHL UND KASTANIEN

Für 6 Portionen

1 Gans (5 kg)
Salz
Pfeffer aus der Mühle
3 Stiele Beifuß
8 Äpfel
½ TL Zimt
100 g Rosinen
4 EL flüssige Butter
2–3 EL Speisestärke (nach Geschmack)
1 große Dose Rotkohl
⅛ l Rotwein
2 EL Johannisbeergelee
200 g gegarte Eßkastanien

1. Die Gans innen und außen gründlich waschen und trockentupfen, anschließend innen und außen mit Salz und Pfeffer einreiben.
2. Den Beifuß von den Stielen zupfen. 5 Äpfel würfeln, mit dem Beifuß, dem Zimt und den Rosinen mischen und die Gans damit füllen. Die Gans zunähen und rundherum mit der flüssigen Butter bestreichen.
3. Die Gans mit der Brustseite nach unten auf den Rost in den vorgeheizten Ofen schieben. Die Saftpfanne mit ½ Liter kochendem Wasser füllen. Die Gans bei 200 Grad (Gas Stufe 3) 120 bis 160 Minuten braten. Dabei muß die Haut öfter mit einer Gabel eingestochen werden, damit das Fett austreten kann. Die Gans außerdem alle 30 Minuten wenden und mit dem Bratensaft begießen.
4. Die restlichen Äpfel schälen und würfeln, dann mit dem Rotkohl, dem Rotwein, dem Johannisbeergelee sowie 4 bis 6 EL Bratenfond mischen und 20 Minuten köcheln lassen. Dabei öfter umrühren. Die letzten 10 Minuten die Eßkastanien (Maronen) mitkochen.
5. Zum Tranchieren der Gans brauchen Sie eine Tranchiergabel und ein großes, elastisches Messer. Trennen Sie zunächst die Keulen mit dem angrenzenden Fleisch am Hüftgelenk ab. Danach schneiden Sie die Flügel mit etwas Brustfleisch ab. Nun die Brust mit der Tranchiergabel festhalten und das Fleisch von außen zum Brustbeinknochen hin in 5 Millimeter dicke Scheiben schneiden. Das Fleisch warm halten.
6. Den Bratensaft in einen Topf gießen und nach Geschmack mit etwas in kaltem Wasser angerührter Speisestärke binden, dann mit Salz und Pfeffer abschmecken. Die Gans auf dem Rotkohl mit den Kastanien anrichten.
Dazu schmecken Salzkartoffeln oder Klöße.
(Foto Seite 64)

GEBRATENE ENTE

Für 4 Portionen

1 Ente (2 kg)
Salz, Pfeffer
Majoran
5 altbackene Brötchen
2 Gläser Weißwein
2 Eier
1 Msp. Zimt
1 Msp. Kardamom
1 Msp. Anis
2 große Äpfel
100 g Rumrosinen

1. Die Ente innen und außen waschen und trockentupfen. Etwas Entenfett in einem kleinen Topf auslassen. Die Ente innen und außen mit Salz, Pfeffer und Majoran einreiben.
2. Für die Füllung die Rinde der Brötchen abreiben, dann würfeln und mit 1 Glas Wein begießen, etwas Wasser hinzufügen, und die aufgeweichten Brötchen mit den Eiern und den Gewürzen zu einem glatten Teig verrühren.
3. Die geschälten Äpfel würfeln und in wenig Entenfett mit 1 Glas Wein 10 Minuten schmoren, dann abgetropft mit den Rosinen zur Füllung geben und die Ente damit füllen.
4. Die gefüllte Ente im vorgeheizten Backofen bei 200 Grad (Gas Stufe 3) 90 bis 120 Minuten braten, dabei öfter wenden und mit dem Bratensaft begießen.

LABSKAUS

Für 4 Portionen

850 g gepökelte Rinderbrust
3 Zwiebeln
1 kg mehligkochende Kartoffeln
4 Matjesfilets
Salz, Pfeffer
Muskat
1 Glas rote Bete
4 Salzgurken
4 Eier
4 EL Butter

1. Das Fleisch abspülen und in einen Topf legen. Die Zwiebeln schälen und sehr fein hacken. Zu dem Fleisch geben und vollständig mit Wasser bedecken. Das Fleisch 90 Minuten garen, herausnehmen und abkühlen lassen.
2. Die Kartoffeln waschen, schälen und würfeln. In der Fleischbrühe sehr weich kochen.
3. Das Fleisch grob würfeln, zusammen mit den Kartoffeln und den Matjesfilets durch die feine Scheibe des Fleischwolfs drehen.
4. Den Labskaus eventuell mit etwas Brühe verrühren, falls er zu fest sein sollte.
5. Den Labskaus würzen und zusammen mit den roten Beten und den Salzgurken auf 4 Tellern anrichten.
6. Die Eier in der Butter als Spiegeleier braten und zum Schluß auf den Labskaus setzen.

■ TIP

Dazu können Sie auch einen Rollmops servieren. Ein Gläschen Aquavit und ein kühles Bier sind aber unerläßlich.
In den meisten Gegenden unseres Landes müssen Sie die gepökelte Rinderbrust beim Schlachter vorbestellen.
Ersatzweise zerstampfen Sie Corned Beef mit den gekochten Kartoffeln und den gehackten Matjesfilets.

GEFÜLLTE SCHWALBENNESTER

Für 4 Portionen

4 dünne Kalbsschnitzel
4 Scheiben Katenschinken
4 Scheiben fetter Speck
4 hartgekochte Eier
etwas Mehl
3 EL Butterschmalz
Salz, Pfeffer
2 EL Speisestärke
4 EL saure Sahne

1. Die Schnitzel unter kaltem Wasser abspülen und mit Küchenpapier trockentupfen. Anschließend so dünn wie möglich flach klopfen. Jeweils eine Schinken- und eine Speckscheibe darauflegen. Darüber kommt das hartgekochte Ei.
2. Die Schnitzel aufrollen und mit Holzspießchen feststecken. Anschließend in etwas Mehl wälzen und in dem heißen Butterschmalz anbraten. Nach und nach $^{1}/_{4}$ l heißes Wasser dazugießen. Zwischendurch die Schwalbennester mit Salz und Pfeffer bestreuen.
3. Die Schwalbennester etwa 30 Minuten sanft schmoren lassen, dann warm stellen. Die Sauce mit etwas angerührter Speisestärke binden und zum Schluß die Sahne zum Verfeinern dazugeben. Servieren Sie dazu selbstgemachtes Kartoffelpüree sowie Erbsen mit Möhren.

(Foto Seite 67)

GESTOVTE STECKRÜBEN

Für 4 Portionen

1 kg Steckrüben
Salz
Pfeffer
frischer Ingwer
3 EL Butter
2 EL Mehl
250 ml Milch oder süße Sahne
400 g Katenschinken

1. Die Steckrüben halbieren, dann schälen und in nicht zu große Stifte schneiden. Anschließend in 1 Liter Wasser, gewürzt mit Salz, Pfeffer und geriebenem Ingwer weich kochen.
2. Die Butter in einem Topf erhitzen, das Mehl hineingeben und hellblond schwitzen. Nach und nach mit heißer Milch oder Sahne auffüllen und etwa 10 Minuten köcheln lassen.
3. Die weichgekochten Steckrüben abgießen und mit der Sauce mischen. Die gestovten Steckrüben zusammen mit dem Katenschinken anrichten.

■ TIP

Statt Steckrüben können Sie auch jedes andere Gemüse verwenden, besonders lecker schmecken gestovte gartenfrische Frühlingsgemüse mit kernigem Katenschinken und neuen Kartoffeln.

NORDDEUTSCHES WÜRZFLEISCH

Für 4 Portionen

500 g rote Bete
2 Kalbsnieren
40 g Butterschmalz
Salz, Pfeffer
1 Zwiebel
100 g durchwachsener Speck
250 g Pfifferlinge
150 g süße Sahne

1. Die roten Beten waschen und feucht in Alufolie einschlagen. Anschließend für 90 Minuten in den vorgeheizten Backofen legen (180 Grad, Gas Stufe 2).
2. Die weichen roten Beten aus den Schalen drücken.
3. Die roten Beten mit einem Buntmesser in Scheiben schneiden und beiseite legen.
4. Die Kalbsnieren der Länge nach aufschneiden, die Harnstränge und das Fett entfernen. Anschließend die Kalbsnieren 30 Minuten wässern und in ihre Segmente teilen. Dann in dem heißen Butterschmalz Farbe annehmen lassen und mit Salz und Pfeffer würzen.
5. Die Zwiebel schälen und sehr fein würfeln. Den Speck ebenfalls würfeln, die Pilze putzen. Alles zusammen mit den Nieren 15 Minuten garen. Anschließend noch einmal abschmecken und die süße Sahne dazugießen.

RINDFLEISCH MIT MEERRETTICHSAUCE

Für 6 Portionen

1 kg gepökelte Rinderbrust
1 Bund Suppengrün
1 l Instant-Fleischbrühe
1 kleine Stange Meerrettich
1 EL Zitronensaft
50 g Rosinen
2 EL Butter
1 EL Mehl
80 ml süße Sahne
Salz, Zucker
750 g Kartoffeln

1. Das Fleisch unter kaltem Wasser abwaschen und in einen Topf legen. Das Suppengrün putzen und grob geschnitten dazugeben. Mit der Fleischbrühe auffüllen und bei milder Hitze 2 Stunden gar ziehen lassen. Inzwischen die Sauce zubereiten.
2. Dafür die Stange Meerrettich dünn schälen und fein in eine Schüssel reiben. Danach sofort mit dem Zitronensaft beträufeln und die Rosinen darunterrühren.
3. Die Butter in einem kleinen Topf schmelzen lassen, das Weizenmehl dazugeben und leicht anschwitzen. Dann die Sahne dazugeben und etwas Kochwasser. Die leicht gebundene Sauce mit Salz und Zucker würzen und zum Schluß den Meerrettich unterziehen. Nun darf die Sauce aber nicht mehr kochen.
4. Die Kartoffeln schälen und der Länge nach vierteln, in der Fleischbrühe 25 Minuten garen.
5. Das Fleisch quer zur Faser in dünne Scheiben schneiden, mit den Kartoffeln anrichten und die Sauce getrennt dazu reichen.
(Foto Seite 69)

FRIKADELLEN

Für 4 Portionen

2 altbackene Brötchen
1 Zwiebel
1 EL Butter
1 Ei, 1 Eigelb
650 g gemischtes Hackfleisch
Salz, Pfeffer, Senf
Butterschmalz zum Braten
2–3 Zwiebeln

1. Von den Brötchen die Rinde abreiben und in Wasser einweichen. Die geschälte Zwiebel würfeln und in der Butter glasig schmoren.
2. Die Brötchen gut ausdrükken und mit den Zwiebelwürfeln, dem Ei und dem Eigelb glattrühren. Das Hackfleisch mit den Gewürzen hinzufügen und gut mischen.
3. Mit feuchten Händen 4 Frikadellen formen und in dem heißen Butterschmalz etwa 15 Minuten braten. Die geschälten Zwiebeln in Ringe schneiden und in dem Bratfett goldgelb braten, dann über die Frikadellen legen.

SCHWEINEBRATEN IN BIERSAUCE

Für 6 Portionen

2 kg Schweinefleisch aus der Schulter mit Schwarte
½ l Bier
2 Zwiebeln
1 Bund Suppengrün
Salz, Pfeffer
1 TL Kümmel
750 g Zucchini
etwas getrockneter Majoran
1 kg Kartoffeln
1 Bund Petersilie

1. Die Schwarte des Schweinebratens vom Schlachter rautenförmig einschneiden lassen. Das Fleisch unter kaltem Wasser abspülen und trockentupfen. Ein Drittel des Bieres in einem großen Bräter erhitzen und den Braten mit der Schwartenseite nach unten hineinsetzen. 10 Minuten köcheln lassen. Danach den Schweinebraten umdrehen.
2. Die Zwiebeln schälen und würfeln. Das Suppengrün ebenfalls putzen, schälen und grob würfeln. Beides um den Schweinebraten herumlegen.
3. Das Fleisch mit Salz, Pfeffer und Kümmel bestreuen.
4. Den Braten in den vorgeheizten Backofen (200 Grad, Gas Stufe 3) schieben und 2 Stunden schmoren lassen. Zwischendurch die Schwarte immer wieder mit Bratenfond und Bier begießen. Eventuell etwas heißes Wasser nachgießen.
5. 30 Minuten vor Ende der Garzeit die Zucchini waschen und der Länge nach vierteln. Anschließend um den Schweinebraten herumlegen und die letzten 30 Minuten mitgaren. Kurz vor dem Servieren das Gemüse mit Salz, Pfeffer und getrocknetem Majoran pikant abschmecken.
6. Zwischendurch die Kartoffeln schälen und in Salzwasser garen. Vor dem Servieren mit der gehackten Petersilie bestreuen.
7. Den Braten vor dem Anschneiden 10 Minuten ruhen lassen, damit sich der Fleischsaft besser verteilen kann. Den Fond nach Geschmack mit etwas angerührter Speisestärke binden und getrennt servieren.

SCHNÜSCH

Für 4 Portionen

250 g Möhren
1 Kohlrabi
250 g grüne Bohnen
250 g neue Kartoffeln
250 g TK-Erbsen
Salz, Zucker
400 ml Milch
3 Eigelb
50 g Butter
1 Bund Petersilie

1. Die Möhren schälen und in feine Scheiben schneiden. Den Kohlrabi putzen, schälen und in kleine Stifte schneiden. Die grünen Bohnen putzen und halbieren.
2. Das Gemüse in wenig Salzwasser mit 1 Prise Zucker garen.
3. Die neuen Kartoffeln in Schale kochen, schälen und würfeln. Die tiefgekühlten Erbsen in wenig Salzwasser garen.
4. Das Gemüse in einem Topf mischen und mit der heißen Milch und den Eigelben so lange unter Rühren erwärmen, bis die Sauce leicht gebunden ist. Nun die Butter darin schmelzen lassen und zum Schluß die gehackte Petersilie darunterrühren.
Dazu reicht man rauchigen Katenschinken oder milde Matjesfilets.

PLOCKFINKEN

Für 4 Portionen

250 g weiße Bohnen
4 Zwiebeln
4 EL Butter
375 g durchwachsener Speck oder Pökelfleisch vom Schwein
500 g Möhren
500 g Kartoffeln
500 g säuerliche Äpfel
2 EL Essig
Salz, Pfeffer, Zucker

1. Die weißen Bohnen über Nacht in kaltem Wasser einweichen.
2. Die Bohnen am nächsten Tag abgießen. Die Zwiebeln schälen und in Halbringe schneiden. Die Butter in einem großen Topf erhitzen und die Zwiebeln darin andünsten. Die weißen Bohnen dazugeben und alles mit Wasser bedecken.
3. Den durchwachsenen Speck oder das Pökelfleisch dazugeben und alles 30 Minuten köcheln lassen.
4. Die Möhren und die Kartoffeln schälen, waschen und würfeln, ebenfalls in den Topf geben und weitere 30 Minuten garen.
5. Die Äpfel schälen, vierteln, das Kerngehäuse entfernen und die Äpfel in Stücke schneiden. Die letzten 10 Minuten mitgaren.
6. Die Plockfinken mit Essig, Salz, Pfeffer und Zucker süßsauer abschmecken.
(Foto Seite 71)

SCHWEINERIPPE MIT OBST

Für 4 Portionen

1 kg Schweinerippe ohne Knochen
Salz, Pfeffer
750 g Äpfel
100 g Backpflaumen ohne Kern
100 g Semmelbrösel
2 EL Rum
½ TL Zucker
1 EL Mehl
1 EL Butter

1. Das Fleisch unter fließendem, kaltem Wasser kurz waschen und anschließend mit reichlich Küchenpapier trockentupfen. Dann auf beiden Seiten mit Salz und Pfeffer bestreuen.
2. Die Äpfel schälen, das Kerngehäuse entfernen. Anschließend die Apfelstücke grob würfeln und in wenig Wasser im geschlossenen Topf knapp garen.
3. Die Backpflaumen vierteln und für die letzten 2 Minuten mit den Äpfeln dünsten. Nun die Semmelbrösel und den Rum sowie den Zucker hinzufügen und alles gut miteinander mischen. Dann die Innenseite der Schweinerippe mit der Masse bestreichen, das Fleisch aufrollen und anschließend mit Küchengarn fest zusammenbinden.
4. Die gefüllte Schweinerippe ohne Fett rundherum in einem schweren Topf ohne Deckel gleichmäßig anbraten. Nach und nach etwa ½ Liter Wasser dazugießen. Die Gesamtgarzeit beträgt 90 bis 100 Minuten.
5. Das Mehl mit der Butter verkneten und im Kühlschrank festwerden lassen.
6. Die gegarte Schweinerippe warm stellen und anschließend die Mehlbutter in dem Fond auflösen und 10 Minuten köcheln lassen. Die Sauce mit Salz und Pfeffer kräftig abschmecken.

Servieren Sie zu der gefüllten Schweinerippe mit der „langen Sauce" Salzkartoffeln und einen würzigen Bohnensalat.

SAUERFLEISCH

Für 6 Portionen
Marinierzeit: 24 Stunden

1,5 kg magerer Schweinebauch
4 Zwiebeln
1 EL Salz
2 EL Zucker
¼ l Weißweinessig
4 Lorbeerblätter
1 EL Senfkörner
1 EL Pfefferkörner
1 EL Wacholderbeeren
4 cl Aquavit

1. Den Schweinebauch kurz unter kaltem Wasser abspülen und dann in einen Topf legen. Die Zwiebeln schälen und in sehr dicke Ringe schneiden, auf dem Fleisch verteilen.
2. Das Fleisch mit Salz und Zucker bestreuen. Den Essig und gut ¾ Liter Wasser dazugießen und aufkochen lassen.
3. Die Brühe sorgfältig abschäumen, erst danach die zerkleinerten Lorbeerblätter, die Senfkörner, die Pfefferkörner und die zerdrückten Wacholderbeeren dazugeben.
4. Den Schweinebauch ohne Deckel bei ganz milder Hitze 2,5 Stunden ziehen lassen.
5. Das Fleisch in eine flache Schüssel legen, den Sud nach Belieben durch ein Sieb gießen, mit dem Aquavit würzen und dann über das Fleisch gießen. Das Sauerfleisch im Kühlschrank 24 Stunden ziehen lassen.

LAMMRÜCKEN MIT BOHNEN UND SCHMORGURKEN

Für 6 Portionen

1 altbackenes Brötchen
3 EL Butter
½ Zwiebel
1 Bund Petersilie
Salz
Pfeffer
2 kg Lammkarree
etwas Öl
1 Zwiebel
1 EL Butterschmalz
1 Glas dicke Bohnen
etwas Bohnenkraut
125 g Crème fraîche
2 Salatgurken
175 ml Instant-Gemüsebrühe

1. Von dem Brötchen die Rinde abreiben, anschließend sehr fein würfeln und mit der Butter mischen. Die Zwiebel schälen und fein zur Brötchen-Butter-Masse reiben. Anschließend mit der gehackten Petersilie, Salz und Pfeffer mischen.
2. Das Fleisch unter kaltem Wasser waschen, trockentupfen und mit der Kräutermasse bestreichen.
3. Die Saftpfanne des Backofens mit Öl bestreichen und das Lammkarree daraufsetzen. Im vorgeheizten Backofen bei 180 Grad (Gas Stufe 2) 2 Stunden braten. Alle 30 Minuten mit Bratfett beträufeln.
4. Die Zwiebel schälen und fein würfeln. Anschließend in dem Butterschmalz weich dünsten und die abgegossenen Bohnen sowie das Bohnenkraut dazugeben. Die Bohnenkerne erhitzen und mit der Crème fraîche verrühren.
5. Die Gurken schälen und halbieren. Mit einem Teelöffel die Kerne herausschaben und die Gurkenhälften in dünne Scheiben schneiden. Die Gemüsebrühe erhitzen und die Gurkenscheiben darin 15 Minuten garen.
6. Wenn das Fleisch gar ist, den Ofen ausschalten und das Lammkarree darin 10 Minuten ruhen lassen, damit sich der Fleischsaft besser verteilt.
7. Mit einem scharfen Messer das Fleisch auf beiden Seiten des Rückgrates vom Knochen lösen und in dünne Scheiben schneiden.
8. Das Fleisch mit den dicken Bohnen und den Schmorgurken anrichten. Dazu passen Bratkartoffeln.

(Foto Seite 74)

■ TIP

Statt des Lammkarrees können Sie auch eine etwa 2 kg schwere Lammkeule braten. Diese sollte allerdings nicht mit der Brotkruste bestrichen, sondern lediglich gut mit Salz und Pfeffer gewürzt werden.

KOHLROULADEN MIT LAMMFLEISCH

Für 4 Portionen

1 Weißkohl
Salz, Pfeffer
2 Zwiebeln
1 Knoblauchzehe
1 EL Olivenöl
500 g Lammhackfleisch
3 Scheiben Toastbrot
1 Ei, Zitronenschale
1 TL Thymian
Butterschmalz zum Braten
¼ l Instantbrühe

1. Den Weißkohl 5 Minuten in kochendem Salzwasser ziehen lassen. Dann vorsichtig 4 große oder 8 kleinere Blätter lösen.
2. Die geschälten Zwiebeln und die Knoblauchzehe würfeln und mit Salz und Pfeffer in dem Öl weich schmoren, zum Hackfleisch geben. Das Toastbrot entrinden und mit etwas Wasser beträufeln, dann mit dem Ei glattrühren, mit Zitronenschale und Thymian würzen und mit dem Hackfleisch mischen.
3. Das Hackfleisch auf die Kohlblätter verteilen, aufrollen und mit Küchengarn zusammenbinden.
4. Die Kohlrouladen in dem heißen Butterschmalz rundherum braun braten und nach und nach mit etwas Brühe begießen. Nach 25 bis 30 Minuten die Sauce nach Belieben mit Speisestärke binden.

GRÜNKOHL

Für 4 Portionen

2 kg Grünkohl
250 g durchwachsener Speck
250 g frischer Bauchspeck
2 große Zwiebeln
1 l Wasser
Salz
Pfeffer
3 EL Schweineschmalz
500 g Kasseler in Scheiben
350 g geräucherte Schweinebacke
4 Birnen
4 Kochwürste
750 g Kartoffeln
2 EL Schweineschmalz

1. Den Grünkohl putzen, sehr gut waschen und grob zerpflücken. In einen Topf geben, mit kaltem Wasser begießen und einmal aufkochen lassen. Dann durch ein Sieb gießen und gut abtropfen lassen.
2. Den durchwachsenen Speck und den Bauchspeck würfeln und in dem Topf anbraten. Die Zwiebeln schälen und fein würfeln, zum Speck geben und ebenfalls mitbraten.
3. Nun den Grünkohl zum Speck und den Zwiebeln geben, mit 1 Liter Wasser auffüllen. Anschließend mit Salz und Pfeffer würzen. Danach das Schweineschmalz dazugeben, dabei öfter umrühren und den Grünkohl abgedeckt zum Kochen bringen.
4. Das Kasseler und die Schweinebacke kurz unter kaltem Wasser abspülen und nach ungefähr 30 Minuten zum Grünkohl geben.
5. Die Birnen schälen, das Kerngehäuse herausschneiden und die Birnenstücke in Spalten schneiden. Nach 60 Minuten mit den Kochwürsten zum Grünkohl geben und 10 Minuten erhitzen.
6. Die Kartoffeln waschen, schälen und würfeln. In wenig Salzwasser 15 Minuten garen. Dann in Schweineschmalz knusprig ausbraten und mit Salz und Pfeffer würzen.
7. Das Fleisch, die aufgeschnittene Schweinebacke und die Würste mit den Kartoffeln auf dem Grünkohl anrichten.

BIRNEN, BOHNEN UND SPECK

Für 4 Portionen

1 kg geräucherte Schweinebacke oder Räucherspeck
1 kg Bohnen
etwas Bohnenkraut
4 festkochende Birnen oder
8 kleine Kochbirnen
Salz, Pfeffer, Petersilie

1. Die Schweinebacke oder den durchwachsenen Speck kurz unter heißem Wasser abspülen und anschließend in 1 Liter Wasser 50 bis 60 Minuten garen. Das Fleisch herausnehmen und beiseite legen.
2. Die Bohnen putzen, waschen und einmal in der Mitte durchbrechen. In die Brühe geben und mit dem Bohnenkraut bestreuen.
3. Von den Birnen die Blüte keilförmig herausschneiden und auf die Bohnen setzen. Den Topf abdecken und die Bohnen mit den Birnen auf kleiner Flamme 20 Minuten garen.
4. Die Bohnen mit Salz und Pfeffer abschmecken. Dann den Speck in dicke Scheiben schneiden, auf die Birnen und Bohnen legen und noch einmal erhitzen.
5. Birnen, Bohnen und Speck, auch Gröner Hein genannt, in einem rustikalen Topf anrichten. Vor dem Servieren mit etwas gehackter Petersilie bestreuen.
(Foto Seite 77)

BIRNEN-SPECK-KUCHEN

Für 4–6 Portionen

2 Dosen Birnen
500 g durchwachsener Speck in dünnen Scheiben
500 g Mehl
etwa ½ l Milch
1 P. Backpulver
100 g Butter
5 Eier
50 g Zucker
1 Prise Salz

1. Die Birnen in ein Sieb geben und gut abtropfen lassen. Den Saft dabei auffangen.
2. Eine beliebige Kuchenform mit $^2/_3$ der Speckscheiben auskleiden und die Dosenbirnen daraufschichten.
3. Das Mehl in eine Schüssel geben und mit der Milch mischen. Das Backpulver mit etwas Mehl mischen und darüberstreuen. Die Butter in Flöckchen daraufsetzen und die Eier, den Zucker und das Salz dazugeben. Aus diesen Zutaten einen zähen Teig herstellen und über die Birnen gießen, dabei sollte die Form nicht zu voll werden.
4. Den Ofenkater, wie dieses Gericht in Schleswig-Holstein auch genannt wird, im vorgeheizten Backofen bei 200 Grad (Gas Stufe 3) 70 bis 80 Minuten backen.
5. Die letzte halbe Stunde den restlichen Speck auf den Kuchen legen.
6. Reichen Sie dazu den leicht angedickten Birnensaft oder eine beliebige andere Saftsauce.

Nachspeisen und Getränke

Rote Grütze und Rum mit Mütze

ROTE GRÜTZE MIT VANILLESAUCE

Für 4 Portionen

10 EL Zucker
100 g Köllns Kernige Haferflocken
¼ l Rotwein (oder Saft)
200 g Sauerkirschen (entsteint)
150 g schwarze Johannisbeeren
40 g Vanillepuddingpulver
200 g Himbeeren
200 g Erdbeeren
½ l Milch
Vanillezucker
½ EL Kölln Instant-Flocken
4 Eigelb

1. 3 Eßlöffel Zucker in einer Pfanne goldbraun rösten. Dann die kernigen Haferflocken dazugeben und kurz mitrösten. Danach die Mischung dünn auf ein mit Öl bestrichenes Backblech streichen und abkühlen lassen.

2. Den Rotwein oder den Saft mit 3 Eßlöffel Zucker aufkochen. Die Sauerkirschen und die geputzten und gewaschenen schwarzen Johannisbeeren dazugeben.

3. Das Vanillepuddingpulver mit etwas Wasser glattrühren und löffelweise in die kochende Flüssigkeit geben, unter Rühren kurz aufkochen lassen. Anschließend die Himbeeren und die Erdbeeren hinzufügen und kühl stellen.

4. Für die Vanillesauce die Milch mit dem Vanillezucker und den Instant-Flocken einmal aufkochen lassen. Danach in eine Schüssel umfüllen.

5. Die Eigelbe mit dem restlichen Zucker sehr schaumig rühren und eßlöffelweise unter die heiße Milch mischen.

6. Die Röstflocken in einen Gefrierbeutel geben und zerkleinern, anschließend über die Rote Grütze streuen.

■ **TIP**

Die echte rote Grütze wird in Norddeutschland aus Fruchtsaft, Zucker und Speisestärke gekocht.

FLIEDERBEERSUPPE MIT BRANDTEIG-KLÖSSCHEN

Für 4 Portionen

¾ l Fliederbeersaft (Holunderbeersaft aus dem Reformhaus)
3 EL Zucker
1 EL Zitronensaft
2 Äpfel
2 EL Kölln Instant-Flocken

für die Klößchen:

30 g Butter
4 EL Milch
3 EL Instant-Flocken
1 Ei
1 EL Magerquark

1. Den Fliederbeersaft mit dem Zucker und dem Zitronensaft erhitzen. Die Äpfel schälen, das Kerngehäuse entfernen und anschließend würfeln. Mit den Haferflocken zum Fliederbeersaft geben und 10 Minuten köcheln lassen.
2. Für die Brandteigklößchen die Butter mit der Milch erhitzen und anschließend die Instant-Flocken langsam einstreuen und rühren, bis sich der Kloß vom Topfboden löst.
3. Den Brandteig in eine Schüssel füllen und das Ei und den Quark darunterrühren.
4. Von dieser Masse mit einem Teelöffel kleine Klößchen abstechen und in siedendem, schwach gesalzenem Wasser 8 bis 10 Minuten gar ziehen lassen, bis die Klößchen oben schwimmen.
5. Die kalte oder heiße Suppe in tiefe Teller füllen und einige Brandteigklößchen hineinsetzen.

■ **TIP**

Wer in der Nähe einen Holunderbeerstrauch kennt und im Herbst die Früchte erntet, kann natürlich auch den Saft aus frisch gepflückten Holunderbeeren herstellen.

BRATÄPFEL

Für 4 Portionen

4 Äpfel
Saft von ½ Zitrone
3 EL Pinienkerne
3 EL Akazienhonig
1 EL Haselnüsse, gehackt
2 EL Mandeln, gehackt
2 EL Pistazien, gehackt
3 EL Rum-Rosinen
5 EL Butter
⅛ l Apfelsaft
2 cl Calvados

1. Die Äpfel waschen, trockenreiben und mit Hilfe eines Ausstechers das Kerngehäuse entfernen, dabei aber einen Boden stehenlassen. Die Aushöhlung mit einem Teelöffel etwas erweitern.

2. Damit das Innere der Äpfel nicht braun wird, mit Zitronensaft beträufeln.

3. 1 Eßlöffel Pinienkerne beiseite legen, den Rest hacken. Den Akazienhonig mit den gehackten Pinienkernen, Haselnüssen, Mandeln, Pistazien und den Rum-Rosinen gut mischen und die Äpfel damit großzügig füllen.

4. Die gefüllten Äpfel mit den zurückgelegten Pinienkernen bestreuen und mit je 1 Eßlöffel Butter belegen.

5. Eine feuerfeste Form mit 1 Eßlöffel Butter einfetten und die Äpfel hineinsetzen. Den Apfelsaft mit dem Calvados mischen und vorsichtig über die gefüllten Äpfel gießen. Anschließend im vorgeheizten Backofen bei 180 Grad (Gas Stufe 2) 25 bis 30 Minuten braten.

Dazu schmeckt eine kalte Vanillesauce aus ½ l süßer Sahne, 3 EL Zucker und 1 Päckchen Vanille-Saucenpulver.

(Foto Seite 82)

NORDISCHE MEHLBEUTEL

Für 4 Portionen

500 g Pellkartoffeln, gekocht
8 Eier
2 P. Backpulver
500 g Mehl
1 kg Kasseler Bauch

1. Die gekochten Kartoffeln schälen und in eine Schüssel reiben. Anschließend mit den Eiern mischen.

2. Das Backpulver mit dem Weizenmehl darübersieben und alles zu einem glatten Teig verarbeiten.

3. Den Kasseler Bauch in einem großen Topf mit Wasser begießen und erhitzen.

4. Den Teig in ein großes Geschirrtuch wickeln und dieses zusammenknoten. Anschließend zusammen mit dem Kasseler Bauch 60 Minuten garen.

■ **TIP**

Servieren Sie diesen Mehlbeutel mit dem aufgeschnittenen Kasseler und/oder mit eingelegten Kirschen oder anderem eingemachten Obst, dessen Saft mit etwas Speisestärke gebunden wird.

GROSSER HANS

Für 4 Portionen

300 g altbackene Brötchen
¾ l Milch
80 g Butter
80 g Zucker
2 Eier
100 g Mandeln
100 g Rosinen
Fett und Semmelbrösel für die Form

1. Die Brötchen würfeln oder in Scheiben schneiden und in der Milch einweichen.
2. Die Butter mit dem Zucker und den Eiern sehr schaumig rühren. Nun die eingeweichten Brötchen dazugeben und alles gut mischen.
3. Die Mandeln und Rosinen zum Teig geben und verrühren.
4. Eine Puddingform oder eine Kuchenform einfetten und mit Semmelbröseln ausstreuen. Nun die Teigmasse einfüllen und die Form abdecken. Den Großen Hans im Wasserbad 30 Minuten bei starker Hitze und anschließend bei geringer Hitze 60 Minuten ziehen lassen.
5. Die Form aus dem Wasserbad heben und den Großen Hans 5 Minuten ruhen lassen. Anschließend auf einen Teller stürzen und in Stücke oder Scheiben schneiden.
Der Große Hans schmeckt mit einer fruchtigen Saftsauce oder mit geschmortem Rinder- oder Schweinebraten.

APFEL IM SCHLAFROCK

Für 4 Portionen

1 Beutel Fix-Teig für Pizza- und Gemüsekuchen
4 mittelgroße Äpfel
etwas Zucker
2 EL Rosinen
1 EL gehackte Mandeln
Zimt
1 Eigelb

1. Den Fix-Teig mit 125 Milliliter lauwarmem Wasser zu einem glatten Teig verarbeiten. Anschließend 15 Minuten in einer Schüssel abgedeckt an einem warmen Ort ruhen lassen, bis sich der Teig verdoppelt hat.
2. Den Teig zwischen Klarsichtfolie dünn ausrollen. Den ausgerollten Teig in 15 cm große Quadrate ausradeln.
3. Die Äpfel mit einem Apfelausstecher ausstechen und schälen.
4. Den Zucker mit den Rosinen und den Mandeln sowie etwas Zimt mischen und in die ausgehöhlten Äpfel füllen. Je einen Apfel auf ein Quadrat stellen und den Teig darüber zusammenschlagen. Aus den Teigresten 4 Kreise ausstechen und mit etwas verrührtem Eigelb auf den Teigecken festkleben. Mit dem restlichen Eigelb die Äpfel im Schlafrock rundherum bestreichen.
5. Die in Teig gehüllten Äpfel auf ein mit Backpapier ausgelegtes Backblech setzen und im vorgeheizten Backofen bei 220 Grad (Gas Stufe 4) 20 bis 25 Minuten garen.
(Foto Seite 83)

HOLUNDERBLÜTEN-PFANNKUCHEN

Für 4 Portionen

½ l Milch
4 Eier
½ TL Salz
200 g Mehl
100 g Kölln Instant-Flocken
Butter zum Braten
8 Holunderblüten

1. Die Milch mit den Eiern, dem Salz, dem Mehl und den Haferflocken zu einem glatten Teig rühren und 15 Minuten quellen lassen.
2. Etwas Butter in einer mittelgroßen Pfanne erhitzen und etwas Teig hineingeben.
3. Die Holunderblüten vorsichtig waschen und auf Küchenpapier abtropfen lassen. Jeweils eine Blüte in den Teig drücken und die Stengel dicht an der Blüte mit einer Schere abschneiden. Dabei ist darauf zu achten, daß so viel wie möglich von den Stengeln entfernt wird, da diese bitter schmecken.
4. Die Pfannkuchen von beiden Seiten goldgelb backen und nach Geschmack mit Zucker oder Zimt bestreuen.
(Foto Seite 84)

■ TIP

Einen Pfannkuchen können Sie sehr gut mit einem flachen Topfdeckel umdrehen. Lassen Sie den Pfannkuchen auf den Deckel rutschen und geben Sie ihn dann mit der Oberseite zurück in die eingefettete Pfanne.
Tauchen Sie die gewaschenen Holunderblüten in den Teig und backen Sie sie schwimmend in heißem Fett aus. Anschließend mit Puderzucker bestreuen.

ERRÖTENDE JUNGFRAU

Für 4 Portionen

6 Blatt rote Gelatine
4 Eier, 80 g Puderzucker
125 ml frischer Saft von schwarzen Johannisbeeren, Sauerkirschen, Himbeeren oder gemischten Früchten

1. Die rote Gelatine 10 Minuten in kaltem Wasser einweichen.

2. Die Eier trennen, die Eiweiße sehr steif schlagen und nach und nach den gesiebten Puderzucker unterrühren.

3. Die Eigelbe schaumig rühren und unter den Eischnee heben.

4. Die Gelatine gut ausdrücken und in einem kleinen Topf bei milder Hitze verflüssigen, dann schnell unter den frischen Saft rühren und unter die Eiermasse heben.

5. Die errötende Jungfrau im Kühlschrank 2 Stunden ruhen lassen.

Servieren Sie dazu eine Vanillesauce. Dieses leckere Rezept verdanke ich Oma Erne Sievers.

APFELKUCHEN

Für 4–6 Portionen

125 g Blütenzarte Köllnflocken
150 g Mehl
½ TL Salz
40 g gemahlene Mandeln
175 g Butter
2 EL Blütenzarte Köllnflocken
6 Äpfel
5 EL Aprikosenkonfitüre
2 EL Puderzucker

1. Die Haferflocken mit dem Mehl, dem Salz, den gemahlenen Mandeln und den Butterflöckchen schnell zu einem Teig verkneten und 30 Minuten kühl stellen.

2. Eine Springform (Durchmesser etwa 26 cm) leicht einfetten und mit einigen Köllnflocken ausstreuen.

3. Den Teig zwischen Klarsichtfolie dünn ausrollen und in die Form legen, dabei einen 2 Zentimeter hohen Rand formen.

4. Die Äpfel waschen, das Kerngehäuse herausschneiden und die Apfelstücke in Spalten schneiden. Anschließend auf dem Teig verteilen.

5. Den Kuchen im vorgeheizten Backofen bei 180 Grad (Gas Stufe 2) 50 bis 60 Minuten backen.

6. Die Konfitüre mit 2 Eßlöffel Wasser unter Rühren erhitzen und den noch heißen Kuchen damit bestreichen und mit dem Puderzucker bestäuben.

(Foto Seite 85)

VERSCHLEIERTES BAUERNMÄDCHEN

Für 6 Portionen

500 g Sahnequark
3 EL Zucker
etwas Milch
125 g Pumpernickel
6 cl Rum
100 g Zartbitterschokolade
1 Glas eingemachte Sauerkirschen

1. Den Sahnequark mit 2 Eßlöffel Zucker und etwas Milch geschmeidig- und glattrühren.
2. Den Pumpernickel in einer Schüssel zerbröseln, 1 Eßlöffel Zucker darüberstreuen und mit dem Rum tränken.
3. Die Schokolade grob über den Pumpernickel reiben und alles gut mischen.
4. Die Kirschen in ein Sieb gießen und abtropfen lassen.
5. In einer Glasschüssel jeweils eine Lage Quark, Pumpernikkel, Kirschen usw. schichten. Im Kühlschrank mindestens 2 Stunden durchziehen lassen.

■ **TIP**
Statt der Kirschen können Sie auch gedünstetes Apfelkompott oder stark angedickten Fruchtsaft verwenden.

BUCHWEIZEN-PFANNKUCHEN MIT PFLAUMEN

Für 4 Portionen

3 Eier
65 g Buchweizenmehl
100 g Weizenmehl
65 g Weizenvollkornmehl
1 P. Vanillesaucenpulver
2 TL Backpulver
1 TL Salz
1 P. Vanillezucker
½ l Milch
1 kg Pflaumen
80 g Butter
Zimt und Zucker

1. Die Eier trennen. Die drei Mehlsorten mit den Eigelben, dem Vanillesaucenpulver, dem Backpulver, Salz, dem Vanillezucker und der Milch verrühren. Anschließend 30 Minuten quellen lassen.
2. Die Pflaumen waschen, halbieren, entsteinen und in Spalten schneiden. Danach unter den Teig heben.
3. Die Eiweiße sehr steif schlagen und vorsichtig unter den Teig ziehen.
4. Nacheinander bei mittlerer Hitze in etwas Butter 8 Pfannkuchen von beiden Seiten goldgelb backen. Danach mit Zimt und Zucker bestreuen.

■ **TIP**
Statt der Pflaumen können Sie ebensogut Äpfel oder Birnen verwenden.

FÖRTCHEN

Für 4–6 Portionen

1 l Buttermilch
500 g Mehl
4 Eier
½ TL Backpulver
1 EL Zucker
etwas abgeriebene Zitronenschale
etwas Kardamom
Butterschmalz zum Backen

1. Die Buttermilch mit dem Mehl mischen. Die Eier trennen und die Eigelbe zusammen mit dem Backpulver, vermischt mit etwas Mehl, dem Zucker, etwas Zitronenschale und Kardamom zu dem Mehl geben und daraus einen Teig rühren. Den Teig 15 Minuten stehen lassen.
2. Die Eiweiße sehr steif schlagen und unter den Teig heben.
3. Eine Förtchenpfanne (das ist eine Pfanne mit kleinen Mulden) dick mit Butterschmalz einfetten und den Teig einfüllen. Das Gebäck im vorgeheizten Backofen bei 200 Grad (Gas Stufe 3) 15 bis 20 Minuten von beiden Seiten goldgelb backen.
(Foto Seite 87)

■ **TIP**
Die Förtchen können nach Belieben mit Pflaumenmus gefüllt werden.

JOHANNISBEER-KUCHEN

Für 4–6 Portionen

75 g Butter
75 g Zucker
1 P. Vanillezucker
3 Eigelb
200 g Mehl
1 TL Backpulver
Salz
2 EL saure Sahne
1 TL Zwiebackbrösel
600 g Johannisbeeren
3 Eiweiß
50 g Speisestärke
125 g gemahlene Mandeln

1. Die Butter mit dem Zucker und dem Vanillezucker sehr schaumig schlagen. Nach und nach die Eigelbe hinzufügen.
2. Das Mehl mit dem Backpulver und dem Salz mischen und über die Schaummasse sieben. Eßlöffelweise die saure Sahne unterrühren.
3. Eine Springform (Durchmesser etwa 26 cm) leicht einfetten und mit den Zwiebackbröseln ausstreuen, danach den Teig einfüllen. Den Kuchen im vorgeheizten Backofen bei 200 Grad (Gas Stufe 3) 35 Minuten backen, dann herausnehmen.
4. Die Johannisbeeren waschen und von den Stielen zupfen. Die Eiweiße sehr steif schlagen und die Speisestärke und die gemahlenen Mandeln darunterheben. Anschließend

die gut abgetropften Johannisbeeren dazugeben und auf dem vorgebackenen Teig verteilen.

5. Den Kuchen im vorgeheizten Backofen weitere 15 bis 20 Minuten backen.

(Foto Seite 88)

■ **TIP**

Versuchen Sie diesen feinen Kuchen auch einmal mit gemischten Johannisbeeren (400 Gramm rote, 200 Gramm schwarze Früchte), und servieren Sie dazu gesüßte Schlagsahne.

BUTTERKUCHEN

Für 4–6 Portionen

375 g Mehl
125 g Kölln Instant-Flocken
¼ l Milch
200 g Butter
8 g Salz
2 Eier
75 g Zucker
60 g Hefe
Saft und Schale von
½ Zitrone
1 P. Vanillezucker
100 g Zucker
50 g Kokosraspel
100 g Butter

1. Das Mehl und die Haferflocken in einer Schüssel mischen. Die Milch erwärmen. Die Butter mit dem Salz, den Eiern und dem Zucker sehr schaumig rühren.

2. Die Hefe in der lauwarmen Milch auflösen und über das Mehl gießen, kurz mischen. Dann Zitrone und Vanillezucker dazugeben und alles zu einem glatten Teig verarbeiten.

3. Den Teig zurück in die Schüssel legen, abdecken und an einem warmen Ort 30 Minuten gehen lassen.

4. Den Teig auf einem gefetteten Blech gleichmäßig ausrollen und nochmals 15 Minuten gehen lassen. Danach mit dem Zucker und den Kokosraspeln bestreuen. Dann die Butter in Flöckchen darauflegen. Den Kuchen im vorgeheizten Backofen bei 220 Grad (Gas Stufe 4) 25 bis 30 Minuten backen.

(Foto Seite 89)

ROSINENSTUTEN

Für 6 Portionen

750 g Mehl
1 TL Salz
50 g Zucker
½ Würfel Hefe
200 ml Milch
3 Eier
100 g Butter
150 g Rosinen

1. Das Mehl mit dem Salz und dem Zucker in einer Schüssel mischen. Die Hefe in der lauwarmen Milch auflösen, über das Mehl gießen und verrühren.
2. Dann die Eier und die Butter dazugeben und alles kräftig kneten. Nun den Teig zurück in die Schüssel legen und abgedeckt an einem warmen Ort 15 Minuten gehen lassen. Die Rosinen unterkneten.
3. Eine Kastenform gut einfetten und den Teig hineinsetzen. Anschließend 30 Minuten gehen lassen.
4. Den Rosinenstuten im vorgeheizten Backofen bei 200 Grad (Gas Stufe 3) 45 bis 50 Minuten backen.
(Foto Seite 90)

BRAUNE KUCHEN

Für etwa 60 Stück

125 g Rübensirup
125 g Zucker
125 g Butter, 375 g Mehl
1 TL Backpulver, 2 TL Zimt
1 TL Lebkuchengewürz
Zitronen- und Orangenschale

1. Den Sirup mit dem Zucker erhitzen, bis sich der Zucker aufgelöst hat. Nach und nach die Butter einrühren.
2. Das Mehl mit dem Backpulver mischen, über die abgekühlte Sirupmasse sieben und vermengen. Den Teig mit dem Zimt, dem Lebkuchengewürz und etwas Zitronen- und Orangenschale würzen.
3. Falls der Teig zu fest sein sollte, etwas Wasser hinzufügen.
4. Den Teig zwischen Klarsichtfolie dünn ausrollen und beliebige Formen ausstechen, dann auf ein mit Backpapier ausgelegtes Backblech legen.
Die braunen Kuchen im vorgeheizten Backofen bei 220 Grad (Gas Stufe 4) 10 bis 12 Minuten backen.

HEISSWECKEN

Für 4–6 Portionen

500 g Mehl
½ TL Salz
½ TL Zimt
1 P. Vanillezucker
50 g Zucker
½ Würfel Hefe
⅛ l Milch
100 g Butter
2 Eier
100 g Rosinen
1 Ei
25 g Zitronat

1. Das Mehl mit dem Salz, mit dem Zimt sowie dem Vanillezucker und dem Zucker in einer großen Schüssel durchmischen.

2. Die Hefe in der lauwarmen Milch auflösen und über das Mehl gießen. Danach etwas verrühren. Die Butter in Flöckchen sowie die Eier und die Rosinen dazugeben und alles kräftig kneten.

3. Den Teig zurück in die Schüssel legen und an einem warmen Ort abgedeckt 30 Minuten gehen lassen, bis sich der Umfang des Teigs verdoppelt hat.

4. Den gegangenen Teig auf einer bemehlten Arbeitsplatte oder zwischen Klarsichtfolie zu einem Rechteck von einem halben Zentimeter Dicke ausrollen.

5. Mit einem scharfen Messer Quadrate (etwa 5 x 5 Zentimeter) schneiden. Jeweils die Ecken nach innen umbiegen und in der Mitte festdrücken. Die Heißwecken auf ein mit Backpapier ausgelegtes Backblech setzen und mit dem verquirlten Ei bestreichen.

6. Die Heißwecken noch einmal abgedeckt 25 Minuten gehen lassen, dann mit dem restlichen Ei bestreichen und mit dem Zitronat bestreuen.

7. Im vorgeheizten Backofen bei 200 Grad (Gas Stufe 3) 20 bis 25 Minuten backen.

■ **TIP**

Servieren Sie dazu einen Grog oder eine Tasse Tee.

BÜSUMER

Für 1 Portion

2 cl Bommerlunder
2 große Krabben
1 Stückchen Zitrone
Dillspitzen

Den Bommerlunder in ein eisgekühltes Glas gießen. Auf einen Zahnstocher eine Krabbe, das Stückchen Zitrone und wiederum eine Krabbe stecken. Mit Dill verzieren und den Spieß quer über das Glas legen.

WIKINGER

Für 1 Portion

2 cl Bommerlunder
1 Cracker
1 Scheibe geräucherte Mettwurst
1 Stückchen Roquefort
½ Kirsche

Den Bommerlunder in ein eisgekühltes Glas gießen. Den Cracker mit einer Scheibe Mettwurst belegen, darüber etwas Roquefort geben und zum Schluß mit der halben Kirsche garnieren. Den belegten Cracker auf das gefüllte Glas legen.

Beliebte Deckeldrinks von links nach rechts: Büsumer, Wikinger, Möwenschiß, Smutje, Exote und Flensburger Reiter, Rezepte auf Seite 92 und 93

MÖWENSCHISS

Für 1 Portion

2 cl Bommerlunder
1 runde Scheibe Katenrauchmettwurst
etwas Senf

Den Bommerlunder in ein eisgekühltes Schnapsglas gießen. Darüber die zugeschnittene Scheibe Katenrauchmettwurst legen und mit einem Klecks Senf verzieren.

SMUTJE

Für 1 Portion

2 cl Bommerlunder
1 runde Scheibe Schwarzbrot oder kräftiges Vollkornbrot
Butter
1 Stückchen Matjes
2 kleine Zwiebelringe
etwas saure Sahne oder Crème fraîche

Den Bommerlunder in ein eisgekühltes Glas gießen. Die Schwarzbrotscheibe (oder das Vollkornbrot) mit etwas Butter bestreichen, anschließend mit dem Stückchen Matjes und den Zwiebelringen belegen und dann mit der Sahne oder Crème fraîche verzieren. Die belegte Scheibe Schwarzbrot auf das gefüllte Glas legen.

EXOTE

Für 1 Portion

2 cl Bommerlunder
1 Mangospalte
1 Scheibe Rauchschinken
1 kleine eingelegte Peperoni

Den Bommerlunder in ein eisgekühltes Glas gießen. Die Mangospalte in den Schinken einwickeln, darüber die Peperoni legen und mit einem Holzspieß feststecken. Diesen Happen auf das Glas legen.

■ **TIP**
Verwenden Sie anstatt der Mangospalte ein Stück Birne.

FRIESENTEE

Für 4 Portionen

brauner oder weißer Kandiszucker
½ l heißer Friesentee
etwas flüssige süße Sahne

Den Kandiszucker auf 4 feuerfeste Gläser oder Teetassen verteilen und den heißen Tee darübergießen. Anschließend die süße Sahne langsam in die Gefäße geben.

■ **TIP**
Gießen Sie in jede Teetasse etwas dunklen Rum oder Zitronensaft. Im letzten Fall entfällt die Sahne.

RUMGROG

Für 2 Portionen

4 Stück Würfelzucker
125 ml kochendes Wasser
4–6 cl Rum (45% Vol.)

Den Würfelzucker auf 2 feuerfeste Gläser verteilen. Das kochende Wasser darübergießen und solange mit einem Löffel oder Glasstöpsel umrühren, bis sich der Zucker aufgelöst hat. Danach den erwärmten Rum hinzufügen.

■ **TIP**
Rum muß, Zucker kann und Wasser braucht nicht sein.

FLENSBURGER REITER

Für 1 Portion

2 cl Bommerlunder
1 runde Scheibe Graubrot
Butter
1 Stückchen Räucheraal
1 Scheibe hartgekochtes Ei
etwas Dill

Den Bommerlunder in ein eisgekühltes Glas gießen. Die runde Brotscheibe mit etwas Butter bestreichen und anschließend mit dem Aal und dem Ei belegen. Dann mit dem Dill verzieren und auf das gefüllte Glas legen.

PHARISÄER

Für 2 Portionen

4 TL Zucker
¼ l heißer, starker Kaffee
8 cl Rum
4 EL geschlagene, süße Sahne

Den Zucker auf 2 angewärmte Tassen verteilen. Den heißen Kaffee darübergießen und anschließend den Rum dazugeben. Die Sahne als dicke Haube obendrauf setzen. Dieses hochprozentige Kaffeegetränk verlangt nach einer weißen Haube, damit niemand den Rum riechen kann.

EIERGROG

Für 2 Portionen

3 Eigelb
1 EL Honig
3 EL Zucker
200 ml kochendes Wasser
8 cl Rum
etwas Muskatnuß
2 lange Zimtstangen

Die Eigelbe mit dem Zucker und dem Honig sehr schaumig rühren. Dann mit dem kochenden Wasser auffüllen und den Rum dazugeben. Den Eiergrog in 2 feuerfeste Gläser gießen und mit etwas frisch geriebener Muskatnuß bestäuben. Anschließend mit einer Zimtstange umrühren.

TEEPUNSCH

Für 1 Portion

⅛ l heißer, starker Tee
50 g kandierte Ananasstückchen
4 cl brauner Rum (45% Vol.)
2 EL steifgeschlagene Sahne
1 TL Zimtzucker

Den Tee in ein feuerfestes Glas gießen, die Ananasstückchen kleinwürfeln und dazugeben. Den Rum in den Tee gießen und als Haube die Sahne obendrauf setzen. Anschließend mit etwas Zimtzucker bestreuen.
(Foto Seite 94 oben)

NORDDEUTSCHER WEIN-RUM-PUNSCH

Für 2 Portionen

¼ l Rotwein
1 Beutel Glühfix
2 EL Zucker
8 cl brauner Rum (40% Vol.)

Den Wein mit dem Glühfix erhitzen, aber nicht kochen lassen. Danach den Zucker dazugeben und in dem heißen Wein auflösen. Anschließend den erhitzten Wein in 2 feuerfeste Gläser gießen und mit dem Rum auffüllen. Nach Geschmack ein Stückchen Zitronenschale, gespickt mit einer Gewürznelke, ins Glas geben.
(Foto Seite 94 unten)

VERZEICHNIS DER REZEPTE

Aal in Petersiliensauce 52
Aal mit Rhabarber 54
Aal, Räucheraalspießchen auf roten Linsen 54
Aalsuppe 53
Apfelkuchen 85
Austernsuppe, Trines 31

Birnen, Bohnen und Speck 77
Birnen-Speck-Kuchen 77
Bratäpfel 82
Bratheringe auf Kartoffelsalat 46
Bratkartoffeln mit Gänsekeulen 63
Braune Kuchen 90
Brot, Norddeutsches Feinbrot 29
Brot, Herzhaftes Schrotbrot 28
Buchweizen-Pfannkuchen mit Pflaumen 87
Büsumer 92
Bunter Krabbencocktail 21
Butterkuchen 89

Deftige Grünkohlsuppe 33
Dorsch in Bierteig, junger 37
Dorsch mit Senfsauce 37

Eiergrog 93
Eingelegte Gänsekeulen mit Bratkartoffeln 63
Ente, gebratene 65
Errötende Jungfrau 84
Ewerscholle, Finkenwerder 59
Exote 93

Feinbrot, norddeutsches 29
Feine Möweneier 20
Finkenwerder Ewerscholle 59
Fisch in Gelee 22
Fischfilets auf Weinkraut 49
Fischklößchen auf Rahmporree 38
Fischsalat 38
Fischstreifen mit Strohkartoffeln, gebratene 39
Flensburger Reiter 93
Fliederbeerblütenpfannkuchen 84
Fliederbeersuppe mit Brandteigklößchen 81
Förtchen 87
Forelle mit Mandeln 41
Friesentee 93
Frikadellen 68

Gänsebraten mit Rotkohl und Kastanien 65
Gänsekeulen mit Bratkartoffeln, eingelegte 63
Gänsekeulen mit Steckrüben 62
Gebratene Ente 65
Gebratene Fischstreifen mit Strohkartoffeln 39
Gebratene Heringe 46
Gebratene Seezungen 58
Gebratene Stinte in Kräuterbutter 4
Gebratener Aal in Petersiliensauce 52
Gefüllte Schwalbennester 67
Gegrillte Heringe 45
Gestovte Steckrüben 67
Grillmakrele 41
Grog, Eiergrog 93
Grog, Rumgrog 93
Großer Hans 83
Grüne Bohnen mit Matjes-Speck-Salat 25
Grüne Heringe vom Grill 45
Grünkohl 76
Grünkohlsuppe, deftige 33

Hausmacher Mettwurst 27
Hechtfilet auf Wachsbohnen 42
Heilbuttschnitten mit Sardellenbutter 57
Heißwecken 91
Hering mit Kartoffelsalat 25
Heringe auf Kartoffelsalat, gebratene 46
Heringe im Speckmantel 44
Heringe vom Grill 45
Herzhaftes Schrotbrot 28
Holunderblütenpfannkuchen 84

Johannisbeerkuchen 88
Junger Dorsch in Bierteig 37

Kartoffelgulasch mit Seefisch 49
Kartoffelsalat, Bratheringe auf 46
Kartoffelsalat mit Hering 25
Kartoffelsuppe mit Mettwurst 32
Kieler Sprotten mit Gemüseflan 56
Kieler Sprotten mit Rührei 18
Kohlrouladen mit Lammfleisch 75

Krabben, Schnittchen mit 27
Krabben, Porrenpann 51
Krabben mit Radieschen 19
Krabbencocktail, bunter 21
Krabbensuppe mit Klößchen 32

Labskaus 66
Lammfleisch, Kohlrouladen mit 75
Lammrücken mit Bohnen und Schmorgurken 75

Lachs, marinierter 16
Lachs mit Lachsspeck 36
Lachstatar 17

Makrele, gegrillt 41
Makrelenfilets, marinierte 44
Mandelforelle 41
Marinierte Makrelenfilets 44
Marinierter Lachs 16
Matjes auf Eis 24
Matjes in Sahnesauce mit Ofenkartoffeln 55
Matjes mit Butterkartoffeln und Speckbohnen 55
Matjesbutter mit Zwiebeln 23
Matjessalat mit Bohnen und Backpflaumen 26
Matjes-Speck-Salat mit grünen Bohnen 2S
Matjestatar 17
Mehlbeutel, nordische 82
Mettwurst, Hausmacher 27
Mettwurst mit Kartoffelsuppe 32
Möweneier, feine 20
Möwenschiß 92
Muschelteller 50
Muschelsuppe 30

Norddeutscher Wein-Rum-Punsch 94
Norddeutsches Feinbrot 29
Norddeutsches Würzfleisch 68
Nordische Mehlbeutel 82

Pannfisch 39
Pfannkuchen, Buchweizenpfannkuchen, mit Pflaumen 87
Pharisäer 93
Plockfinken 71
Porrenpann 51

Räucheraalspießchen auf roten Linsen 54
Rindfleisch mit Meerrettichsauce 68
Rosinenstuten 90
Rote-Bete-Salat 20
Rote Grütze mit Vanillesauce 80
Rumgrog 93

Sauerfleisch 73
Schellfisch, Fischklößchen auf Rahmporree 38
Schellfisch, Fischsalat 38
Schillerlocken in Weingelee 23
Schnittchen mit Krabben 27
Schnüsch 71
Scholle, Finkenwerder Ewerscholle 59
Schrotbrot, herzhaftes 28
Schwalbennester, gefüllte 67
Schweinebraten in Biersauce 70
Schweinerippe mit Obst 72
Seefisch, Kartoffelgulasch mit 49
Seelachs auf Strohkartoffeln, gebratene Fischstreifen 39
Seelachs, Pannfisch 39
Seezungen, gebratene 58
Smutje 92
Speckbohnen mit Matjes 55
Sprotten, Kieler Sprotten mit Gemüseflan 56
Sprotten, Kieler Sprotten mit Rührei 18
Steckrüben, gestovte 67
Steckrüben mit Gänsekeulen 62
Steckrübensuppe, süß-sauer 33
Steinbutt in Sahnesauce 58
Stinte in Kräuterbutter, gebratene 47
Stinte in Salzkruste 47
Süß-saure Steckrübensuppe 33

Teepunsch 94
Trines Austernsuppe 31

Verschleiertes Bauernmädchen 86

Wein-Rum-Punsch, norddeutscher 94
Wikinger 92
Würzfleisch, norddeutsches 68

Zander mit Speck 41
Zanderfilet, überbackenes 43
Zitronenzander 43